SMART GRID

스마트그리드 법정책

이재협 · 조홍식 편저

박영사

머리말

　　문재인 정부가 석탄화력발전의 비중을 축소하고 탈원전, 에너지전환 정책으로 에너지 정책의 기조를 바꾸면서 이에 대한 찬반논쟁이 뜨겁다. 우리나라는 남북이 분단되어 대륙으로 이어지지 못해 에너지에 관한 한 고립되어 있고, 에너지 수요의 거의 전부를 외국으로부터 수입하고 있어 수급 측면에서 대단히 취약하다. 에너지 다소비업종이 많아 급증하는 전력수요를 충족시킬 에너지의 안정적 공급이 중요한 반면, 에너지 소비로 인한 온실가스의 배출이 많아 이를 제어하여 환경건정성을 도모할 필요도 크다. 에너지의 공급안정성과 친환경성이라는, 어찌 보면 상충되는 정책목표를 조화롭게 달성하기 위해서는 에너지 문제에 대한 근본적 성찰이 필요하다.

　　화석연료와 전기는 산업혁명 과정을 통해 그동안 인류문명의 눈부신 기술적 진보를 가져오게 했던 일등공신이었다. 특히 전기를 통해 대량생산 체제가 구축될 수 있었고, 그로 인해 경제발전을 위해서는 전력생산과 소비를 늘리는 것이 당연시되어 왔다. 급증하는 전력수요는 전력생산을 증가하든지 새로운 송전선로를 개설하는 등의 공급위주의 정책으로 대응해 왔던 것이 사실이다. 그러나 신규발전소와 송전시설의 도입은 이제 공간적 제약, 주민수용성, 환경적 영향 등으로 더 이상 녹록치 않다.

　　이러한 어려움을 극복하기 위해 전력에너지 정책도 공급위주에서 수요관리, 혹은 효율성 향상의 방향으로 전환해야 한다는 문제제기가 있어왔다. 즉 공급자 중심의 중앙집중적 전력공급의 패러다임에서 수요자 중심의 분산형 전원, 즉 풍력, 태양광, 조력 등의 각종 신재생에너지원과 탄소배출이 없는 전기자동차의 운영을 포함시키는 패러다임으로의 전환이 요구되고 있다. 전기자동차만 하더라도, 그것을 운송수단으로서뿐 아니라 발전원의 하나로 이용가능하다는 식의 생각의 전환이 필요하다.

　　이런 측면에서 원전을 대체할 신재생에너지의 활성화를 위해 안정적, 효율적 운영을 위한 스마트그리드가 중요한 해법이 될 수 있다. 스마트그리드는 현재의 전력망에 정보기술과 인터넷을 적용한 차세대 에너지 신기술을 일컫는다. 하지만 스마트그리드는 새로운 하나의 기술적 해법이라기보다는 현존하는 기술을 잘 통합하고 조정하는 시스템이라고 보는 것이 타당할 것이다. 즉 전기를 효율적으로 공급하기 위한 '스마트'한 망의 개념을 넘어서서 전기에너지의 생산과 공급, 그 제어를 위한 통신 네트워크와 센서 시스템, 저장 시스템, 각종 지능형 설비, 계측장비 등을 총 망라하는 통합적인 에너지 네트워크라 할 수 있다.

스마트그리드 법정책의 성공적인 실현을 위해서는 정부와 기업, 시민들의 노력과 행위의 변화가 이루어져야 한다. 스마트그리드는 전통적인 전력산업에서 스마트한 운영을 가능하게 하는 첨단 전력산업으로의 변화를 가져올 것이다. 그러한 변화를 유도하기 위해서는 기술적 혁신뿐 아니라 이를 구현할 수 있는 법제도적 뒷받침이 필수적이라 할 수 있다. 스마트 에너지 정책은 혁신을 지원하고 신기술 투자를 지원하고 소비자 에너지 서비스 증진을 위한 방법으로 만들어져야 한다.

전력산업은 전통적으로 자연독점의 형태로 운영되어 왔다. 따라서 스마트그리드로 전환하면 기득권자인 전력회사로부터의 저항이 예상된다. 스마트그리드 시스템에 적응하기 위해 전력산업은, 주로 전기판매를 중심으로 수익을 내왔던 비즈니스 모델에서 에너지효율성과 신재생에너지와 관련된 각종 장비와 상품을 판매하는 비즈니스 모델로 전환할 것이 요구된다. 즉 더 많은 전기를 팔면서 이익을 창출하는 것이 아니라 에너지효율성 증진과 보전을 통해 더 적은 전기를 팔면서 이익을 창출하는 방향으로 전환하는 것을 말한다. 이는 근본적으로 전력산업이 에너지 사업으로 확대재편되는 것을 말한다.

소비자들의 에너지 소비행태를 변화시키기 위해서는 그들의 에너지 소비실태에 관한 정보가 수집되고 제공되어 합리적 전기 에너지 소비를 유도할 수 있어야 한다. 매달 고지서를 보고 나서야 얼마를 사용하였는지 알 수 있는 천편일률적인 요금제가 아니라 수요와 공급에 따라 가격이 연동하고, 품질에 따라 여러 종류의 에너지를 차등화하여 제공함으로써 소비자가 선택할 수 있는 다양한 요금제도가 나온다면 소비자들이 전기를 절약할 수 있는 유인이 될 수 있을 것이다. 이렇듯 소비자로부터 가까운 분야에서 변화가 시작되어 압력을 받게 되면 시장이 반응하고, 기술혁신이 이루어지는 등 새로운 산업생태계가 조성될 수 있다는 사실은 그동안 인터넷, 정보산업의 발전전개과정에서 밝혀진 바 있다.

스마트그리드로 구현되는 에너지 신세계는 항상 긍정적이지는 않을 것이다. 많은 양의 정보가 저장되고 이동되기 때문에 이를 보호하기 위한 보안문제가 중요하다. 프라이버시 및 개인정보 보호의 문제도 발생한다. 전기요금이 수요공급이라는 시장기능의 차원에서 실시간으로 결정되고 움직이는 동적 구조가 되면 효율성이 늘어나기도 하겠지만, 불가피하게 시장의 위험에 노출될 우려도 있다. 스마트그리드와 관련된 법령제정에 있어서도 기존의 법령(예컨대 위치정보법, 정보통신망법, 개인정보보호법 등) 간의 법적 충돌을 방지하고 유기적 상호관계를 구축하는 것은 매우 중요하다.

본서는 스마트그리드로의 전환과 관련해 발생할 수 있는 여러 가지 법적 과제들을 논의하기 위해 2013년 서울대학교 환경에너지법정책센터가 개최한 스마트그리드 법정책에 관한 국제컨퍼런스의 결과물이다. 당시 스마트그리드는 국가 주요 정책목표인 녹색성장을 주도할 차세대 시스템으로 주목받았다. 국가 주도로 야심차게 마련한 스마트그리드 기본계획(2010)을 보면 제주도 실증단지의 성공적 운영을 바탕으로 비즈니스 모델을 개발하여 향후 7개 광역별로 스마트그리드 거점도시를 만드는 것이 골자로 되어 있다. 또한 우리나라는 스마트그리드와 관련한 정보교류, 국제표준 개발 등 국제적 협력을 주도하는 협의체(ISGAN)의 사무국을 운영하여 스마트그리드 개발의 선도국가 중 하나로 인정받아 왔다. 국내적으로는 국가로드맵의 실행을 주관하는 정부기관(한국스마트그리드사업단)이 설립되었으며, 관련산업체들의 협회(한국스마트그리드협회)가 조직되었다. 당시의 뜨거운 관심과 열정에 비추어 본다면 지난 수년간 스마트그리드로의 전환이 그리 속도감 있게 진행된 것 같지는 않다. 본서의 발간이 새로운 추진력을 가져오게 할 수 있는 계기가 되기를 바라마지 않는다.

이 책은 크게 세 개의 부로 구성되어 있다. 제1부에서는 주요국의 스마트그리드 관련 에너지 정책과 법제의 동향을 살펴본다. 제2부에서는 도서지역의 스마트그리드 현황을 미국 하와이주의 사례를 통해 점검해 본다. 하와이주는 우리나라에서 실증사업을 진행하였던 제주도와 지형적으로 유사할 뿐 아니라 국내의 450여 개 섬의 에너지 전환에 시사하는 바가 크다. 제3부에서는 스마트그리드와 관련된 국내법제를 살펴보고 그 문제점을 진단한다.

　　본서의 출간을 위해 많은 분들의 도움과 지원이 있었다. 우선 스마트그리드 국제컨퍼런스에 참석하여 발표해 주시고 옥고를 마무리해주신 국내외 저자들께 깊이 감사드린다. 또한 스마트그리드 법정책의 중요성을 일찍이 간파하여 이 컨퍼런스를 개최하는 데 물심양면으로 도움을 주신 김상협 전 청와대 녹색성장기획관(수석비서관), 그리고 컨퍼런스를 재정적으로 후원해 주신 서울대학교 법학연구소와 KDB산업은행 관계자께도 감사드린다. 아울러 해외저자의 원고를 번역하고 교정하는 데 도움을 준 강태승, 권성오, 주신영 법학전문석사, 박형근 법학대학원 학생, 윤다여 법과대학 석사과정생에게도 고마움을 전한다.

2017년 9월

편저자 이재협 · 조홍식

차 례

PART 01

국가법 비교

CHAPTER 01   덩하이펑(邓海峰)

중국 스마트그리드의 발전상황 및 작금의 문제점 _____ 3

Ⅰ. 개관   3

  1. 중국 내 강력한 스마트그리드 관련 기초입법구조   4

  2. 중국의 스마트그리드 발전상황   7

  3. 중국 내 강력한 스마트그리드의 문제점   10

Ⅱ. 결론   16

CHAPTER 02   시모무라 히데츠쿠(下村英嗣)

일본의 재생에너지 및 스마트그리드에 관련 법과 정책에 관하여
: 진행 사항과 쟁점들_____18

Ⅰ. 서론   18

Ⅱ. 일본의 에너지 현황과 기본 에너지 정책   19

  1. 일본의 에너지 현황의 특징   19

  2. 일본의 전력 시스템   20

  3. 전략 에너지 계획(Strategic Energy Plan)에서의 재생에너지와
    스마트그리드 정책   21

  4. 에너지 정책에 대한 후쿠시마 원전 사고의 영향   22

Ⅲ. 재생에너지의 촉진에 관한 법과 정책   23

  1. 재생에너지의 촉진에 대한 지원   23

  2. 전력 사업자의 신에너지 사용 의무   24

  3. 전력 회사의 기금 조성   25

  4. 기업의 자발적 활동   25

  5. 발전 차액 지원제도(Feed-in-Tariff)   26

  6. 재생에너지의 도입 성과(introduction performance)   29

Ⅳ. 현재 스마트그리드(Smart Grid) 도입의 접근 방법   30

  1. 국가 레벨에서의 스마트그리드 도입의 현황   30

  2. 스마트그리드 도입을 향한 탈규제화(Deregulation)   31

  3. 지역 도시에서의 스마트 커뮤니티 실증 프로젝트   33

V. 일본에서의 스마트그리드 도입에 관한 관점과 이슈   35

  1. 단기적 이슈   35
  2. 중기적 이슈   36
  3. 장기적 관점   38
  4. 전력 공급-수요 시스템의 개선 비용   38
  VI. 결론   39

CHAPTER 03   조엘 B. 아이젠/에밀리 해몬드

법제설계 및 위험이론과 스마트그리드 소비자수용성의 연계_____40

Ⅰ. 미국의 스마트그리드: 떠오르는 신흥법제   41

Ⅱ. 위험이론과 스마트그리드   52

  1. 위험이론에 관한 기초적인 이해   52
  2. 스마트그리드와 위험인지   54
  3. 위험에 대한 통찰을 활용한 스마트그리드 관련 지원 보강   58

Ⅲ. 결론   66

PART 02

도서지역의 스마트그리드

CHAPTER 04   마크 B. 글릭

하와이 청정에너지 미래의 변환 _____69

Ⅰ. 하와이 청정에너지 계획(Hawaii Clean Energy Initiative)   70

Ⅱ. 에너지 포트폴리오 다양화(Energy Portfolio Diversification)   71

Ⅲ. 전력망의 향상(Grid Enhancements)   73

Ⅳ. 혁신적인 자금지원 전략(Innovative Funding Strategies)   75

V. 성과 효율 프로그램(Performance Efficiency Programs) 75

VI. 스마트그리드 프로젝트(Smart Grid Projects) 76

VII. 하와이 성장에 대한 자금조달(Leveraging HI Growth) 78

VIII. 하와이의 청정 에너지 미래에 관한 업데이트 80

CHAPTER 05   더글라스 A. 코디가
대한민국과 하와이에서의 스마트그리드 관련법제 및 정책의 진화_____84

I. 한국과 하와이: 스마트그리드 관련 규제의 인큐베이터 84

II. 하와이 주 스마트그리드 관련법제 및 정책 개발에 있어

   핵심적인 기관들 86

III. 공공시설위원회의 에너지규제조정절차 87

IV. 2006 오아후(Oahu) 스마트 계량기 시험 프로젝트 88

V. 2008 선진 인프라구조 계측 시스템(Docket No. 2008-0303) 88

VI. 보고서와 법령들 91

VII. IRP 보고서 92

VIII. 법률 제34호(Act 34): 하와이 주의 스마트그리드 법 95

IX. 건강 문제 99

X. 프라이버시 문제 100

XI. 결론 101

PART 03
한국의 스마트그리드 법제의 제문제

CHAPTER 06   허성욱
스마트그리드와 개인정보보호 법정책_____105

I. 스마트그리드의 개념 및 현황 105

II. 스마트그리드와 개인정보 108

Ⅲ. 지능형전력망의 구축 및 이용촉진에 관한 법률과 개인정보보호 109

Ⅳ. 결론 113

부록: 지능형 전력망 정보의 수집 · 활용 및 보호 115

CHAPTER 07   박훤일

스마트그리드에 관한 법정책적 제언_____119

Ⅰ. 머리말 119

Ⅱ. 스마트그리드 활성화 방안 121

  1. 스마트그리드 확산사업 추진 121

  2. 스마트미터기의 설치와 AMI의 구축 122

  3. 계량 서비스 사업의 촉진 126

  4. 에너지저장장치(ESS) 사업의 활성화 127

  5. V2G 사업의 활성화 128

  6. 각종 비판론에 대한 검토 131

Ⅲ. 스마트그리드 관련 법제정비 방안 133

  1. 지능형전력망의 '전기설비'에 관한 규정 133

  2. 스마트그리드 거버넌스의 구축 134

  3. 법제도 운영의 유연성 제고 138

  4. 스마트그리드 중앙정보센터의 운영 140

  5. 스마트그리드의 계통화 141

Ⅳ. 맺음말 143

부록1 지능형전력망의 구축 및 이용촉진에 관한 법률 151

부록2 지능형전력망의 구축 및 이용촉진에 관한 법률 시행령 166

부록3 지능형전력망의 구축 및 이용촉진에 관한 법률 시행규칙 175

찾아보기 180

PART

01

국가법 비교

CHAPTER 01 중국 스마트그리드의 발전상황 및 작금의 문제점
CHAPTER 02 일본의 재생에너지 및 스마트그리드에 관련 법과 정책에 관하여
          : 진행 사항과 쟁점들
CHAPTER 03 법제설계 및 위험이론과 스마트그리드 소비자수용성의 연계

CHAPTER 01

중국 스마트그리드의 발전상황 및 작금의 문제점

덩하이펑(邓海峰)

Ⅰ. 개관

기후변화에 대처하고 에너지 안보를 확보하고자, 전 세계의 국가들이 청정 에너지 개발 및 에너지효율 개선을 이전보다 중시하고 있다. 저탄소 전력생산의 기반이자 선결조건으로, 강력한 스마트그리드 기술이 많은 국가들에서 빠르게 개발되고 있다.[1] 강력한 스마트그리드 기술은 이미 동력 그리드의 미래경향의

---

[1] 저탄소 시장을 미래에 성장시키기 위해 미국, 일본, 대한민국 등 많은 국가들이 스마트그리드를 전략적 방법으로 채택하여 발전시키고 있으며 관련 법제와 정책도 정비하고 있다. 2007년 12월, 미국 의회는 "에너지독립 및 안보에 관한 법률(Energy Independence and Security Act)" (Pub. L. No. 110-140. 121 Stat. 1492)을 입법하였다. 법령 제13호는 스마트그리드를 입법 차원에서 중요한 국가정책으로 보기 시작했다는 증거다. 2009년 2월, 미국 의회는 "복구 및 재투자에 관한 법률(Recovery and Reinvestment Act)"을 공포하였는데(Pub. L. No. 111-5. 123 Stat. 115) 45억 달러 규모의 스마트그리드 구축 관련 재투자 계획을 철회하는 대신 관련기금을 20%에서 50%선으로 증액하였다. 2009년 7월, 미국 에너지자원부가 의회에 최초의 "스마트그리드 시스템 보고서"를 제출하였다(http://energy.gov/oe/downloads/2009-smart-grid-system-report-july-2009, 접속일자 및 시간 10:10, Dec. 24, 2013 참조). 미국은 20개 지표들로 평가 시스템을 구축하였는데, 이 지표들은 현재 미국이 자국 스마트그리드 발전 수준을 평가할 때도 사용 중인 지표들이다.
2009년 4월, 일본은 "중장기 경제재정정책 및 향후 10년 예측"을 발표하였다. 여기에는 태양력 발전, 지방자치 단위의 스마트그리드 실험, 전기자동차 플래시 충전기 등에 관한 내용이 포함되었다(http://www5.cao.go.jp/keizai-shimon/english/publication/pdf/090303_medium-

3

일환으로 자리잡은 바 있다.

청정에너지에 대한 헌신, 경제성장 장려, 사회조화를 위한 서비스 제공을 기초현안으로 하고, 중국의 에너지 공급 문제에 대한 새로운 상황 및 전력 서비스에 대한 새로운 수요와 밀접히 연계하여, 중국의 국내적 여건 및 글로벌 그리드의 발전 트렌드에 대한 신중한 분석에 기초한 독자적 혁신에 터 잡은 강력한 스마트그리드 기술이 중국에서 점차 꽃피고 있다.

1장에서는 먼저 강력한 스마트그리드와 관련된 중국의 기초법제 및 정책을 언급한 후, 현재까지의 스마트그리드 발전상황을 상술할 것이다. 본론에서는 스마트그리드 구축 과정에서 발생한 현존하는 문제점들을 분석하고 이에 대한 해결책을 제안하고자 한다.

1. 중국 내 강력한 스마트그리드 관련 기초입법구조

중국의 강력한 스마트그리드에 관한 입법구조는 일반적으로 2개 층위의 영역들로 구성된다. 전국인민대표대회 및 그 상임이사회라는 중국 입법기관의 승인을 받는 영역[2]과 국가 단위 계획 및 여러 층위에서 시행되는 중소규모 정부 계획들로 구성되는 국가정책의 영역, 이상 2개 영역으로 나뉜다. 중국 발전 계획의 최근간은 국가경제사회발전을 위한 5개년 계획이다.[3] 일반적으로, 입법기

---

long_term_fiscal_policy.pdf#page=4, 접속일자 및 시간: 9:46, Dec.27, 2013 참조). 이 모든 것들은 전부 스마트그리드와 깊이 연관되어 있다. 대한민국은 "녹색에너지산업정책"을 2008년에 내놓았는데, 대한민국 스마트그리드 발전의 청사진을 그리고 있다. http://www.korea.net/NewsFocus/Culture/view?articleId=73300 접속일자 및 시간: 10:11,Dec.27, 2013 참조).

2) 중국 전국인민대표대회는 중국 국가권력의 정점이자 핵심이다. 법률에 따라 당선되어 35개 선거구(인민대표대회가 주관하는 지역, 자치구역, 중앙정부의 직접지배를 받는 지방, 인민해방군, 홍콩 특별자치구역, 대만 일부 세력 등)를 대표하는 대표자들로 구성된다(http://www.npc.gov.cn/englishnpc/Organization/node_2846.htm, 접속일자 및 시간: 20:22, Dec. 22, 2013 참조). 전국인민대표대회 상임이사회는 인민대표대회의 영구기관이다(http://www.npc.gov.cn/englishnpc/Organization/node_2847.htm, 접속일자 및 시간: 20:30, Dec. 22, 2013 참조). 대표대회와 그 상임이사회가 중국의 입법기관이며, 기본법의 제/개정을 담당한다.

3) "5개년 계획"은 국가전략의 대요를 설정하고 정부사업의 초점을 명확히 하며 시장 주체들이 나아갈 방향을 제시한다. 이는 중국의 향후 5년간의 경제사회발전에 관한 거대한 청사진이다. 1953년 최초의 5개년 계획이 등장했으며, 지금까지 12개 5개년 계획들이 입안되고 시행되었다. 현재 12번째 5개년 계획에 따른 정책들이 시행되고 있다(http://baike.baidu.com/link?url=HAv0J

관의 입법에 따른 강력한 스마트그리드 관련 체제는 아직 미비한 수준이다. 특별발전계획은 있지만 스마트그리드에 대한 특별법은 아직 없다.

(1) 강력한 스마트그리드에 관한 기본입법구조

현재로서는 스마트그리드 관련 특별법이나 스마트그리드를 직접대상으로 상정한 법안은 전무하며, 몇몇 법률들이 전기 혹은 에너지에 관하여 광의적으로 기술할 뿐이다.

중화인민공화국 전기에너지에 관한 법률,4) 중화인민공화국 에너지절약보존에 관한 법률,5) 중화인민공화국 재생에너지에 관한 법률6) 모두 스마트그리드 관련 조항은 두고 있지 않다. 다만, 셋 모두 재생에너지 혹은 청정에너지를 통해 전기를 생산하여 활용하는 것을 장려하며 전력송출 및 수송 역량을 강화하기 위한 기술개발의 중요성을 강조하고 있을 뿐이다.

스마트그리드는 국내에서나 국외에서나 최근 떠오르는 기술이자 산업이다. 그러나 법률들은 너무 오래전에 제정되었고, 근 몇 년간 개정되어 왔음에도 불구하고 현황에 제대로 발맞추지 못했다는 문제점은 해소되지 못했다. 앞으로 해외 입법 사례를 참조하여 중국도 그 실정에 걸맞는 법제를 갖출 것으로 기대된다.

-poCNBMTvVNiXBC_h8dy82D8wWuU-eYPhIE3cZGOCA36bqUC_-iDlVUwbjy, 접속일자 및 시간: 21:33, Dec. 22, 2013 참조).

4) 1995년 12월 28일에 본 회의를 통과하여 1996년 4월 1일 발효되었다.
제5조: 전기에너지 설비, 생산, 공급, 사용은 법률에 따라 환경친화적으로 이뤄져야 하며, 신기술을 받아들여야 하고, 독성폐기물을 최소화하며, 오염 및 기타 공공위험을 예방해야 한다.

5) 1997년 11월 1일에 본 회의를 통과하였고, 2007년 10월 28일에 본 회의를 재차 통과하여 개정되었다.
제32조: 그리드 업체는 정부평의회가 관장하는 에너지보존과 전력생산 및 배치 관련 법령에 따라 청정하고 효율적인 동시에 적법한 생산과정을 거친 열병합발전과 전력 설비, 폐기열과 압력발전 기타 발전 설비들의 통합을 통합자원활용 관련 법령에 부합하도록 마련하며, 그리드 전력 가격에 관한 국가법령을 준수한다.

6) 2005년 2월 28일 본 회의를 통과하였으며, 2009년 12월 26일 본 회의를 재차 통과하여 개정되었다.
제13조: 국가는 재생에너지 활용을 통해 생산한 전력의 그리드 동조화를 장려하고 지원한다.

(2) 강력한 스마트그리드 관련 입법정책의 기초

입법불비에도 불구하고, 국가 정부는 관련산업발전을 장려하는 정책들을 내놓으며 스마트그리드를 위시한 하이테크 산업의 중요성을 강조하고 있다. 중요한 기술적 중대발견과 주요 개발 수요를 기초로 하여, 떠오르는 신기술들과 새로운 사업영역들 간의 융합을 이뤄내는 것이야 말로 하이테크 산업을 성장시키고 더 나아가 장차 전략적으로 떠오르는 산업들을 국가의 선도산업이자 근간산업으로 강화시키고 가꿀 수 있는 방편이 될 것이다.

강한 스마트그리드에 관하여는, 중화인민공화국 제12차 국가사회경제발전 5개년 계획(2011-2015)[7]이 이를 에너지 산업의 핵심 영역으로 보고 있다. 이 계획은 스마트그리드를 어떻게 발전시킬지에 대해 구체적으로 상술하고 있다.

파워그리드에 새로운 에너지 공급원으로부터 생산된 전력을 잇고 대규모로 각 지역에 전력을 공급할 요건을 충족하기 위해, 당국은 현대화된 파워그리드 시스템 건설에 박차를 가할 것이다. … 발전된 고용량, 고효율, 장거리, 초고압 송전 기술을 개발할 것이며, 발전된 정보, 통제, 전력 저장 기술을 통해 스마트그리드를 구축할 것이다. … 파워그리드의 역량을 강화시켜 전력분배를 최적화할 것이며, 전력공급의 신뢰성을 증진할 것이다.[8]

"중국의 제12차 5개년 계획: 에너지"[9]는 강력한 스마트그리드 구축 계획을 보다 명료하고도 구체적으로 언급한다.

당국은 스마트그리드의 구축을 가속화고, 새로운 에너지 생산, 널리 분포된 에너지, 전기 자동차 등의 활용에 적응하기 위한 역량을 증진할 것이며, 전력 시

---

7) 중화인민공화국 제12차 국가사회경제발전 5개년 계획(2011-2015)은 5개년 계획 수립을 위한 공산당 중앙위원회의 제안서에 기초하였다. 이는 향후 5년간 중국의 경제사회발전을 위한 거대한 청사진이다.

8) 제3편 '산업구조 개혁 및 업그레이드: 핵심경쟁력을 높여라', 제11장 '에너지 생산 및 활용 방식을 바꾸는 데에 추동력을 두라', 제3절 '에너지 운송로를 강화하라'

9) 국가평의회에 의해 2013년 1월 1일에 발간되었다. 중화인민공화국 제12차 국가사회경제발전 5개년 계획(2011-2015)에 따르면, 이 계획은 주로 중국 에너지 산업 발전의 지도이념, 기본원리, 발전목적, 주요과제 및 정책수단을 상술하고 있는, 2011-2015년 중국 에너지 산업 발전에 대한 전반적인 청사진이자 행동계획이다.

스템과 사용자 간의 상호소통을 주지하고 각 연결고리 및 구성요소들의 개혁과 업그레이드를 촉진하며, 보안수준과 전력 시스템의 종합적인 효율성을 개선하여 관련 제반 산업들의 발전을 촉진할 것이다.

이러한 총체적인 계획 외에도, 특정 문제들에 집중하여 정부는 스마트그리드 산업화 프로젝트를 위한 주요 과학기술의 발전을 위한 5개년 특별계획,[10] 국가과학기술발전을 위한 5개년 계획,[11] 그리고 과학기술발전을 위한 중장기 국가계획(2006-2020)[12] 등과 같이 강한 스마트그리드에 대한 개발 목표나 방향을 제시하는 일련의 계획 및 정책을 세우고 있다.

2. 중국의 스마트그리드 발전상황

특별 입법이 없었던 까닭으로, 중국 내 스마트그리드 구축사업은 강한 스마트그리드에 관한 국가 정책에 기초하여 중국그리드공사(SGCC)[13]와 중국남부파워그리드(CSG)[14]라는 두 국유기업체가 선도하였다. 그 중에서 중국그리드공사가 먼저 스마트그리드 개발을 시작하여, 스마트그리드의 발전의 다양한 측면에서 중국남부파워그리드보다 앞선 정교한 개발계획 및 대규모 사업 시행경험을 보유하고 있다. 따라서 본 문헌은 중국그리드공사를 예시로 활용하여 이 국영회사의 스마트그리드의 실상 및 문제점을 분석함으로써 중국 내 스마트그리드 발

---

10) 2012년 3월 27일 중화인민공화국 과학기술부 승인

11) 2011년 7월 4일 중화인민공화국 과학기술부 승인

12) 2006년 2월 9일 중화인민공화국 국가평의회 승인

13) 중국그리드공사는 2002년 12월 29일에 설립되었다. 이는 국가평의회의 승인을 받은 국유기업체로서 정부가 용인한 투자행위를 수행할 목적으로 설립되었다. 중국그리드공사는 2010년 포춘 글로벌 500에서 8위를 기록하며 2009년보다 7단계 순위상승을 한, 세계 최대 규모의 전기사업체다. 핵심사업은 26개의 주, 자치구, 지방 자치단체를 포괄하는 전력망 구축 및 작동관리다. 국가 영토 전체의 88%을 관장하고, 소속 근로자들은 150만 명 이상이며, 10억 명 이상의 인구에게 전력에너지를 제공한다(http://www.sgcc.com.cn/ywlm/aboutus/profile.shtml, 접속일자 및 시간: 21:14, Dec. 20, 2013. 참조).

14) 중국남부파워그리드 유한회사는 2002년 12월 29일 중국전력부문탈규제개혁 직후 설립되었다. 광동, 광서, 운남, 귀주 그리고 해남 지역의 전력망에 투자하여 이를 건설하고 운영한다. 1백만 평방 킬로미터에 달하는 영역을 관장하며, 2억 3천만 명에 달하는 인구에게 전력에너지를 제공한다. 2009 포춘 글로벌 500에서 185위를 기록하였다(http://eng.csg.cn/, 접속일자 및 시간: 21:31, Dec. 20, 2013. 참조).

전상황을 상술하고자 한다.

"강력함"과 "스마트함"은 현대 그리드의 두 가지 기본 발전 요건이다. "강력함"은 근간이요, "스마트함"은 그에 터 잡아 일굴 초점이다. 강력한 구조와 그리드 인공지능의 완벽한 조화야말로 총합적, 체계적 접근법으로서 현대 그리드 발전방향을 객관적으로 묘사할 수 있는 기본 특성이다. 보다 구체적인 용어로 표현하자면, 중국그리드공사는 모든 단계에서 협업에 의한 발전결과를 도출해낼 수 있을 소통과 정보 플랫폼의 지원을 받는, 정보화 기반의 자동 상호소통적 시스템15)을 중추로 하는 강력한 스마트그리드를 구축하고자 한다.

위와 같이 소통과 정보 플랫폼의 지원을 받고 지능형 제어를 수단으로 한 강력한 그리드에 기반하여, 강력한 스마트그리드는 전력체계 내에 6개 단계를 갖추고 있다. 생산, 변압, 변형, 분배, 소비 및 일정작성, 전압대응, 이 모든 것들이 "전력흐름, 정보흐름, 경제흐름"간 고도의 통합을 위해 이뤄지는 것이다. 그리고 전체 시스템은 그리드 기본 시스템,16) 기술 지원 시스템,17) 정보 적용 시스템,18) 그리고 표준대상 및 특정대상 시스템,19) 이상 4부분으로 나뉜다.

강력한 스마트그리드는 다음 3단계로 발전할 것이다.

제1단계는 2009~2010년에 이뤄진다. 이는 계획하고 탐색하는 단계로, 강력한 스마트그리드 구축을 계획에 집중하고 기술표준과 운영실제를 발전시키며, 핵심 기술 및 장비생산에 대한 연구개발을 수행하고, 각 연결고리 단계들에 대하여 시험운용한다.

---

15) 정보화는 실시간 정보와 비실시간성 정보의 고도의 통합, 분배 및 사용을 실현시킬 수 있는, 강력한 스마트그리드의 시행 기초이다. 자동화는 발전된 자동화 통제 전략으로 그리드 작동의 총체적인 자동화 통제 수준을 발전시켜 강력한 스마트그리드를 이루기 위한 중요한 수단이다. 그리고 상호소통은 전력 생산원과 그리드, 그리고 이용자 자원 사이의 친숙한 상호교류와 조화를 달성하기 위한, 강력한 스마트그리드의 내재적 필요요건이다.

16) 강력한 스마트그리드의 물질적 운반매개체인 그리드 기본 시스템은 "강력함"의 근간이다.

17) 기술 지원 시스템은 소통, 정보, 통제에 관한 심화기술들을 포괄한다. 이는 "스마트한" 그리드의 실현을 위한 기술적인 근간이다.

18) 정보 적용 시스템은 안전하고도 경제적이고 효율적인 그리드 작동 및 사용자 부가가치 서비스 창출을 담보하기 위한 구체적인 시스템이다.

19) 표준대상 및 특정대상 시스템은 정책기반으로서 심의, 인증, 평가, 기술관리 및 운영관리의 표준과 예외적 특정대상 기준을 포괄한다.

제2단계는 2011~2015년에 이뤄진다. 이는, 극초고압 파워그리드[20] 시설 및 도시 및 지방 네트워크 건립에 속도를 내는 종합건설단계로, 스마트그리드를 위한 작동통제체계와 상호소통 서비스 시스템을 설치하며, 주요 기술의 진일보를 이루고 핵심 기술 및 장비의 광범위한 적용을 꾀하는 단계다.

제3단계는 2016~2020년에 이루어지는데, 구축한 스마트그리드를 발전시키고 보다 완전하게 다듬는 단계다. 이 단계에서는 강력한 스마트그리드의 구축을 끝마치고, 자원 분배 역량, 안전도, 작동효율, 파워그리드 동력공급자 측과 고객들 간의 상호소통의 중대한 증진을 가능하게 하는 것이 주요 목표이다.

지금까지 스마트그리드 구축에 관하여, 중국그리드공사는 많은 연구 및 실제 사업 수행을 해왔으며, 주요 족적으로는 스마트 파워 그리드 프로그램,[21] 시험 프로젝트들,[22] 인프라 구조[23] 그리고 특별한 연구들[24]을 해왔다. 전반적으로, 중국의 강력한 스마트그리드 발전은 현재진행형이며 이제 웅비하고 있다. 스마트그리드 연구 및 계획의 완성 이후에는 대규모 투자를 끌어들이고 건설을 실제로 추진하는 것이 핵심 도전과제일 것이다.

---

20) 변압기준 전압은 고압(HV), 초고압(EHV), 극초고압(UHV)로 나뉜다. 국제기준으로는 고압은 35~220kV, 초고압은 330kV 초과 1000kV 미만, 극초고압은 1000kV 초과한 전력을 의미한다. 극초고압 파워 그리드는 일반적으로 1000kV 교류 혹은 800kV 직류로 구성되는데, 전력량의 지속적인 성장을 꾀함으로써 대용량 장거리 송출 기능을 수행함을 목적으로 한다.

21) 스마트그리드 구축의 전반적인 계획을 수립하고 지도원리를 설정하는 프로그램이다. 중국그리드공사는 '강력한 스마트그리드 발전 계획 프로그램에 관한 종합 보고서'에 터 잡아서 '국가 그리드 지능화에 관한 총합적 보고서'를 내놓으며 강력한 스마트그리드 경향성과 발전상황을 분석한 바 있다.

22) 시험 프로젝트는 실제 적용을 앞당기는 데에 기본전제다. 2009년 8월, "중요 영역에서의 진일보와 조건이 부합하는 지역에의 우선순위 할당" 원칙에 따라 "좋은 기초조건들, 높은 프로젝트 실현가능성 및 시험효과"를 갖춘 9개 프로젝트들이 6개의 스마트그리드 링크에서의 첫 시험 프로젝트로 선택되었다. 상해 엑스포 공원 스마트그리드 종합전시 프로젝트, 풍력발전과 광원저장의 조합 전시 프로젝트, 일반 파워 그리드와 플랜트의 협업, 송출선 현황 모니터링 센터 프로젝트, 스마트 서브스테이션 시험 프로젝트, 자동분배 시스템 시험 프로젝트, 동력활용정보획득 시험 프로젝트, 전기자동차 충전 서브 스테이션 시험 프로젝트, 스마트그리드 스케줄링 기술 지원 시스템 시험 프로젝트, 이상 9가지다. 첫 시험 프로젝트들은 좋은 진척도로 진행되고 있다.

23) 인프라 구조는 연구 & 심사 센터 건설뿐 아니라 표준화된 건축을 담당하여, 스마트그리드 체제 전체의 건립 과정을 담보한다.

24) 특별기술과 운영모드에 관련된 주요 특별연구들이 스마트그리드를 위한 기술적 지원과 이론적 기반을 제공해주고 있다.

3. 중국 내 강력한 스마트그리드의 문제점

(1) 파워그리드 업체의 집중화

국유 전통과 규모에 따른 수익체증(increasing return to scales)에 터 잡아, 강력한 스마트그리드의 운영자가 현재 동력공급 전체를 책임지고 있는 실정이다. 이 고도로 통합된 네트워크는 동력생산, 변압, 서브 스테이션에의 할당, 분배, 그리고 스케줄링 절차를 포괄한다. 전체 공급사슬이 수직적 구조에 배타적으로 의존하며, 자연독점 구조에 가깝다.

인프라 구조의 비싼 고정비용이 송전 및 배전의 독점을 정당화해주긴 하지만,25) 경쟁적이고 효과적인 시장—특히 배전에 있어서—의 부재로 효율성이 희생되고 있다. 첫 번째로는 정부의 가격책정이 자원배분에 있어서 결코 좋은 역할을 할 수는 없으며, 효율적 분배를 위한 신호로서 시장가격이 수행하는 기능을 박탈한다는 점을 꼽을 수 있다. 송전과 배전을 한 곳에 맡기는 것은 문제를 더 키운다. 왜곡된 가격이 송전에 영향을 미치면, 그 경제적 부담은 배전 시에 고스란히 소비자에게 전가된다.

두 번째로는 송전 및 배전의 통합과 관련하여 발생하는 비용관련정보의 비대칭성을 들 수 있다. 이 분야에 있어, 투명성이 명백히 결여되어 있다. 배전 부문이 송전 부문의 영향하에 있게 되면, 정부와 대중은 산업영역의 정확한 비용정보를 획득하기 어려워진다. 이는 비용정보를 사업체가 날조하는 것을 용이하게 한다. 더욱 안 좋은 점은, 수직적 독점구조를 지닌 산업영역은 심지어 정부와의 교섭에서조차도 절대적 우위를 점한다는 점이다.26) 이후 따라올 스마트그리

---

25) 자연독점이론은 명백한 규모의 경제로 인한 전력산업계의 자연 독점현상을 정당화하는 데 쓰여 왔다. 합리적인 범위 내에서, 전력산업계 기업체는 외연을 확장함으로써 평균비용을 줄일 수 있다. 다시 말해, 보다 큰 규모의 하나의 기업체가 일정량을 생산하는 것이 소소한 여러 기업체들에게 생산량을 분배하는 것보다 더 효율적이라는 것이다. William W. Sharkey, The theory of natural monopoly, Cambridge University Press, 1982, pp.31-33 참조.

26) 정보비대칭성 모델은 거래당사자들 가운데 한 쪽은 정보를 보유하고 있고 상대방은 그렇지 못한 경우를 상정한다. 또 다른 정보비대칭성 모델들은 한 쪽은 계약의 일부분을 강제하거나 효과적으로 그 위반에 대해 보복할 수 있고 상대방은 그렇지 못한 상황에서도 사용될 수 있다. 역선택 모델에서는 계약협상 관련 정보의 무지현상이 발생하지만, 도덕적 해이 상황에서는 합의된 거래의 수행에 대한 정보무지현상이나 계약위반에 상응하는 대처를 해낼 권력의 부재현상이

드 혁신도 위험에 처할 것이다.

　세 번째로 현재 산업구조는 투자자들의 열정을 감소시킨다는 점을 들 수 있다. 송전과 배전의 결합으로 인하여, 현재 중국 산업계는 정부독재를 대신할 효율적인 가격결정구조 및 시장규칙을 갖지 못하고 있다.[27] 현재에도, 송전 부문의 높은 투자위험이 여전히 잠재적 투자자들의 주요 우려사항이다. 민간영역의 투자를 유치하기란 매우 어려운 실정이다. 이 문제가 정부로 하여금 스마트그리드 투자에 관하여 적은 지분을 가지고도 인프라 구조 건립 및 관리 감독에 관한 책임을 오롯이 전부 짊어지도록 하고 있다. 전력수요가 급증하는 가운데서도 그리드 건립에 대한 투자가 미미한 것도 이 때문이다.

　2002년 3월, 국가평의회가 공식적으로 전력 시스템 개편을 승인했는데, 파워그리드에서 플랜트들을 분리하고 보조 서비스들로부터 주요 사업 부문을 분리하며 배전 부문을 송전 부문과 분리하였다.[28] 그러나 지금까지는 송전 부문과

발생하게 된다(http://en.wikipedia.org/wiki/Information_asymmetry, 접속일시: 10:40, Dec. 24, 2013 참조).

27) 정부규제에 관한 전통적 이론들은 비효율성이 자연독점 상황 속 불필요한 경쟁에 의해 발생한다고 본다. 이는 산업조직과 비용조건 간의 갈등이다. 자연독점은 대규모의 고정비용, 높은 매몰비용위험과 배타적인 경제적 지대를 필요로 한다. 그러므로 산업 진입에 대한 정부규제는 무분별한 시장진입 및 투자낭비를 막기 위해 필요하다. 추가적으로, 정부는 가격을 규제하여 기업체들이 경쟁시장에서의 회사들과 같이 최저평균비용으로 생산하도록 해줘야 한다. 그러면 소비자들이 최저가격으로 재화를 구매할 수 있어 사회적 잉여가 극대화될 것이다. Kahn A. E., The economics of regulation: principles and institutions, The MIT Press, 1988, p.12 참조.
많은 경제학자들이 정부실패 및 규제비용 증가의 사례를 들며 정부규제 의구심을 품고 있다. '규제자들은 무엇을 규제할 수 있는가: 전기사업의 경우(What can regulator regulate? The case of electricity)'라는 글을 통해 조지 스티글러(George Stigler)는 영국 전기사업체들에 대한 경험적 연구 결과 다음과 같은 결론을 도출했다고 밝혔다: 규제 받는 기업체들은 규제 받지 않는 기업체들에 비한 고효율과 저비용을 기대해온 적이 없다. Stigler, George J., and Claire Friedland, "What can regulators regulate-the case of electricity", JL & Econ, 5 (1962): 1 참조.
이 연구는 큰 영향을 끼쳐서 많은 학자들이 경쟁적인 시장을 가능한 한 조성하고 규제를 혁파하는 데에 초점을 맞추게 되었다.

28) 자연독점의 생성은 일련의 관련 공급사슬들로 이뤄진다. 대다수의 학자들이 자연독점을 구성하는 공급사슬의 요소들이 본래적으로 자연독점 친화적이진 않다고 본다. 예를 들면, 전력생산에 있어서 강한 정도의 규모의 경제는 발생하지 않는다. 그러므로 전력생산은 본래적으로 자연독점이 발생하는 영역은 아니다. Joskow와 Schmalensee는 미국 전기사업체들과 전력 플랜트들을 연구함으로써 반드시 규모의 경제 실현을 위해 대규모 파워 플랜트들을 조성할 필요는 없음을 밝혔다. Joskow, Paul L., and Richard Schmalensee, "Markets for power: an analysis of electrical utility deregulation", MIT Press Books, 1998, 1 참조.
중국 경제학자 Yangping Liu와 Yuanxu Ye 또한 자연독점적인 사업은 일반적으로 네트워크 사

배전 부문의 분리가 그리 제대로 실현되어 있지 않다. 국유회사인 중국그리드공사와 중국남부파워그리드는 여전히 두 부문을 모두 독점하고 있다.

그러므로 송전 부문과 배전 부문의 분리야말로 전력구조 개혁에 있어 중요한 절차다. 전력 산업의 시장중심적 산업구조혁신은 전통적 수직적 통합구조로부터 전력 생산, 송전, 배전 및 판매의 각 부문들이 분리된 새로운 구조로의 이행을 요구하고 있다. 후자의 산업구조의 성공은 많은 국제 사례들을 통해 입증되고 있다.[29] 구체적으로, 개혁의 첫 과제는 경쟁을 촉진하고 독점에 대한 정부감시를 촉진하기 위하여 서로 다른 부처의 다른 속성에 기초해서, 특히 수직적 독점구조를 개선하는 것이다. 수평적인 관점에서는, 개혁은 반드시 새로 진입하여 성장하는 발전소와 전력 전송 회사를 지원하고, 새로운 시장주체들의 전력분배 부문 시장진입을 장려하여 충분한 숫자의 기업체들이 경쟁시장을 구가하도록 해야 한다.

(2) 스마트그리드 기술표준 시스템

스마트그리드 발전과정 중, 완전하고도 종합적인 기술표준 시스템은 모든 방면에서 앞으로의 스마트그리드의 촉진을 위한 튼튼한 기초를 놓아줌으로써 스마트그리드 구축에 중요한 방향을 제시해줄 것이다. 그러므로 기술표준 시스템 설정이 실로 스마트그리드 구축을 위한 첫 번째 도정이 되어야 한다.

중국에서의 스마트그리드 표준 시스템 설정은 어느 정도 진척이 있다. 작업은 2009년, 중국그리드공사의 주도로 시작되었다. 중국그리드공사는 국내, 국외의 스마트그리드 기술표준 작업결과물들을 면밀히 살폈다. 적절한 연구에 터 잡

업을 지칭한다고 본다. 따라서, 송출 및 분배 부문은 자연독점 친화적일 수도 있으나 생산 및 판매 부문은 경쟁친화적일 수 있다. 이는 전력 산업에서의 생산, 전송, 분배, 판매 이상 4개 부문의 수직적 분할과 수평적 경쟁을 주장하는 것에 대한 이론적 논거를 제공한다. Yangping Liu, Yuanxu Ye, "The Analysis of Natural Monopoly Characteristic of Electric Power Industry", Journal of Harbin Engineering University, 5 (1999): 015 참조.

29) 현재, 세계 전력 메커니즘 개편은 수직적 통합구조에서 소매경쟁구조로의 전환 과정에 있다. 국가마다 다른 방법과 질서를 택하고 있는데, 배전 및 판매 부문을 송전 부문과 분리하는가 하면, 스케줄링 시스템을 뜯어고치기도 한다. 예를 들어 미국은 국가구조에 따라 전력이 제한되었고 배전 부문과 송전 부문의 분리가 불완전함에도 불구하고 도매 및 소매시장에서의 경쟁을 장려하고 있다.

아서, 중국그리드공사는 2010년에 스마트그리드 기술표준 시스템을 제안하였고 SLO(systematic, logic, and open; 체계적일 것, 논리적일 것, 개방적일 것) 원칙들에 입각하여 작성되었다.30) 표준 시스템은 DFSS라 명명되었는데, 4개 층으로 구성된 피라미드 형태를 지녔다. 8개 영역이 있고, 26개의 구체적인 기술영역이 뒤따른다. 세 번째 층은 92개 항목을 포괄하는데, 이는 네 번째 층의 수천 가지 기술표준들을 총괄하는 대형 목차들이다.31) 표준 시스템은 스마트그리드 배열원칙들을 다룰 뿐만 아니라, 강력한 스마트 그리드 구축 관련 모든 세부사항들을 관장한다. 2012년 말까지 국가 그리드는 220개 기업체표준, 75개 상사거래표준, 26개 국가표준, 7개 국제표준을 제정하였다.32) 게다가, 중국그리드공사는 IEEE 구성원 자격을 갖고,33) 스마트그리드와 관련된 모든 작업에 관여하였다. 중국은 또한 활발하게 외국의 사례들로부터 배우고 있으며, 전압 및 주파전류 규격화 기술 위원회(the Voltage Level and Frequency Current Standardization Technology Committee)라는 중국으로서는 최초의 국가기술규격제정위원회를 설립하기도 하였다. 위원회는 스마트그리드 관련 국가기술표준을 제정 및 개정하는 역할을 담당하며, 스마트그리드 국가계획을 수립하기도 하였다.

그러나 기술표준체계를 수립할 땐 두 가지에 유의해야 한다.

정보비대칭,34) 힘의 균형 및 외부효과 비용이 현재의 규정제정자들의 적법

---

30) "체계성" 원칙은 체계적 관점에서 볼 때 완전한 체계를 구축하는 것이다. "논리성" 원칙은 체계의 논리정합성이 명료하고 구성요소들이 물샐 틈 없이 상호 긴밀하게 결부되는 것이다. "개방성" 원칙은 역동적인 확장과 기술발전에 대한 적응을 통해 시류에 뒤처지지 않는 것이다.

31) 2010년 6월, 중국그리드공사가 '강력한 스마트그리드 기술표준 계획'을 '국가 그리드 지능화에 관한 통합 보고서'의 일부로 발표하였다. 이는 중국의 강한 스마트그리드의 산업 기준과 국가 기준에 대한 중요자료다. 이 계획은 설정될 표준시스템을 상술하고 있다.

32) 본 자료의 출처는 the Plan of Standard System on Strong Smart Grid, SGCC, 2010.

33) IEEE(the Institute of Electrical and Electronics Engineers)는 전기전자기술자협회를 지칭한다. 인류효용의 증진을 위한 혁신과 기술적 수월성을 추구하며, 세계최대규모의 기술전문직역 조직체다. 이는 현대문명을 떠받치는 전기전자컴퓨터 및 관련 과학기술 영역에 종사하는 모든 전문가들을 지원한다(http://www.ieee.org/about/index.html, 접속일자 및 시간: 22:42, Dec. 20, 2013. 참조).

34) 계약이론과 경제학에서, 정보비대칭 이슈는 계약당사자들 중 일방이 상대방보다 우위의 정보력을 가질 때의 거래상 결정과정에 대한 연구를 다룬다. 신고전파 경제학이 완전정보를 가정함에 반해, 이는 "우리가 모르는 것"에 관한 것이다. 이는 거래가 예측에서 벗어나 최악의 경우에는 시장실패로까지 이어질 수 있게 하는, 거래상 힘의 불균형을 야기한다. Aboody, David, and Baruch Lev, "Information asymmetry, R&D, and insider gains", The journal of Finance,

성 여부에 영향을 끼칠 수 있다. 정부, 관련업계, 다양한 기업체들과 심지어는 소비자들에 이르기까지, 스마트그리드 관계자들 대다수의 기여가 분명 절실하다. 위에 언급한 것처럼, 정부와 대중은 전력생산, 변압, 송전 및 배전에 드는 비용에 관한 적절하고 정확한 종합정보에 대한 접근성을 확보하지 못하고 있다. 모든 유용한 정보를 수집하는 데 드는 비용은 분명 엄청날 것이다. 중국그리드공사 및 관계업체들의 데이터 제공을 받으면 제안된 표준규격기준체계가 더욱 실현가능해지며 비용도 덜 들게 될 것이다. 무엇보다도, 전력업계로부터 더 많은 정보를 얻어낼수록 자의적인 체계가 수립될 위험이 더 적어질 것이다.

  그럼에도 불구하고, 균형이 지속가능하기 위해서는 모든 관계자들의 참여가 필요하다. 공평성을 희생시키면서까지 정확한 종합정보를 획득하려 해서는 안 된다. 각 분야의 다양한 관계자들의 상호감시가 중요정보의 날조, 왜곡을 예방하는 데 도움을 줄 것이다. 그러한 경우에 비로소 표준규격기준체계들이 기회균등과 효용증진에 이바지한다고 인정받을 수 있을 것이다. 모든 관계자들, 특히 내부관계자들이 그들의 권리를 이용하여 규정수립이 자신에게 유리한 쪽으로 이뤄지도록 영향을 미치려 할 가능성을 품고 있다. 각자가 자신의 이익을 관철하기 위해 최선을 다해야 한다. 어떤 업체가 허위정보를 흘리거나 다른 업체와 공모하는 등의 전략을 사용하는 경우에 대비하여, 전문가들과 독립기관들의 기술표준 제정에 대한 역할이 핵심적이라 하겠다. 이들은 기술발전뿐 아니라 공정하고 건전한 시장질서의 유지에도 기여할 역량을 갖추고 있다.

  그리고 누가 스마트그리드 기술표준체계 수립에 있어 최후결정권을 가질 자격이 있는가? 기술표준 제정과 관련한 외부효과[35]를 고려할 때, 정부는 감시감독자 이상의 의미를 갖는다. 중국에서는, 대기오염이 점차 더욱 큰 문제로 비화하고 있다. 새로운 전력생산방식에 관한 과학기술은 그 수준이 아직 미성숙하

55.6 (2000): 2747-2766. 참조.

35) 경제학에서 외부효과라 함은 경제활동당사자가 의도치 않았음에도 불구하고 발생하여 당사자에게 비용이나 효용을 발생시키는 경우를 말한다. 경쟁시장에서 기업의 생존 최적화 전략은 이윤극대화 및 비용극소화다. 이와 함께 대기오염 관련 사회적 비용과 지속가능한 발전을 위한 기술혁신 관련 사회적 비용은 감소해야 한다. Buchanan, James M, "Externality", Economics, 29.116 (1962): 371-384. 참조.

고 또 지나치게 기금의존적인 경향이 있다.36) 오직 중앙정부만이 일련의 외부효과 문제들에 대한 책임을 질 역량을 갖추고 있다. 지방 정부들 사이에서는 잠재적인 무임승차문제와 누출효과 문제가 있기 때문에 중앙정부가 반드시 지속가능하고 건강한 경제발전을 장기적으로 구가하기 위해 규제정책을 수립해야 한다. 그러므로, 국가정부가 최근 부상하는 산업을 국가적 차원에서 선도하기 위해 기술표준 수립에 임하여 보다 중요한 역할을 수행해야 한다.

기술표준 수립 관련하여 또 다른 상호배척(trade-off) 관계에 놓인 대립항이 있다. 외국의 기술표준에 맞추고자 하는 시도는 중국에게 있어 효용과 문제점을 동시에 가져올 것이다. 국제표준규격에 맞추면 중국의 해외에너지시장진출 시기를 앞당기고 전기기술적합성을 높일 수 있을 것이다. 이로써 중국은 선진국과 동일선상에 서고, 기업체들이 경제성장을 누리며, 중국의 국격이 높아질 것이다. 또한, 중국과 타국의 강한 스마트그리드 관련 기술교환 및 협업도 보다 용이해질 것이다. 그러나 그 중에는 중국의 현황과는 맞지 않는 것들이 있을 수 있다는 단점도 존재한다. 예를 들면, 유럽과 미국은 스마트그리드의 분산되고 상호교류하는 전력 분배의 발전에 초점을 맞추는 반면에 중국은 장거리 UHV 파워그리드의 발전에 집중한다.37) 이들의 서로 다른 조건들 때문에, 서로 다른 국가들이 스마트그리드 설치에 관하여 서로 다른 우선순위를 둘 수 있다. 기술표준 제정은 각기 처한 상황에 따라 다를 수 있는 '자기만의 경제적 목적'에 부합해야 한다.

우리는 부분적으로 적용되는 기준들이 획일화된 편제에 갇히기보다는 각기 독립적으로 존재하되 연결고리는 공유하는 연쇄방식(chain by chain)으로 전체

---

36) 2012년 6월 5일, 중화인민공화국 환경보호청(Ministry of Environmental Protection of the People's Republic of China)은 2012년도 환경보고서(the Report on Environmental Announcement of 2012)를 출간했다. 모든 시, 도(道, prefecture) 단위로 대기오염지수를 측정해 본 결과, 당해연도표준(GB3095-2012)을 기준으로 삼았을 때 기준치 이하일 것을 충족하는 지역의 비중은 40.9%에 불과했다(http://www.zhb.gov.cn/gkml/hbb/qt/201306/W02013060657829202 2739.pdf, 접속일자 및 시간: 18:14, Dec. 22, 2013. 참조).

37) 국가 그리드의 정보화에 관한 종합 보고서(the Overall Report on the Intelligentialization of State Grid)의 분석처럼, 중국의 자원과 수요의 반대분포 때문에, 중국으로서는 국가적 차원에서 자원 배분 역량을 키우는 것이 더 중요하다. 따라서, 강한 스마트그리드의 건축은 UHV 파워 그리드를 전력망의 근간으로 함에 집중하여야 한다.

기술표준체계를 구축할 것을 제안한다. 전체 스마트그리드 시스템은 다양한 문제상황을 다루는 다양한 부처들을 수반한다. 같은 이슈와 관련된 기술표준체계는 하나의 카테고리로 조직화되어야 한다. 이런 접근방법이 기술표준체계의 다양한 유형들을 구분할 수 있게 해준다. 예를 들면, 정보교환부처(혹은 정보기관)는 공지의 정보수집 및 사생활 보호에 대한 책임을 질 것이다. 그러나 국가에너지안보에 있어서는 주로 중앙통제안보기관이 역할을 수행할 것이다. 그러므로 핵심기준은 어떻게 내수를 충족시키고 스마트그리드를 강화하기 위해 어떤 전략을 수립할 것인가에 대해 답하는 데 초점을 맞춰야 한다. 전술한 예시와 대조적으로, 기밀정보관리와는 별 상관없는 부처들은 굳이 전술한 핵심기준에 얽매일 필요 없이 국제기준에 따라 역할을 수행해도 무방할 것이다. 그럼으로써 중국의 스마트그리드가 국제적인 발전과 연계에 기술적으로 보다 대비할 수 있을 것이다. 결론짓자면, 다양한 기업체들의 광범위한 참여가 수반되는, 국가주도형 기술표준체계의 제정을 제안하는 바이다.

II. 결론

대체적으로, 중국에서의 강력한 스마트그리드 시스템 건설은 여전히 계획 및 시범운용 단계에 머물러 있고, 주로 총괄계획, 기술표준 개발 및 종합관리실제 등에 초점이 맞춰져 있다.

이 단계에서, 강력한 스마트그리드 건설과 관련된 몇 가지 정책들이 분명 존재하기는 한다. 그러나 강력한 스마트그리드를 세부적으로 규율하는 특별법이 없는 상황에서, 강한 스마트그리드에 관한 체계화된 정책 및 입법은 아직 효율적으로 정립되지 못했고, 그에 따라 산업계를 선도하고 규제하는 데 제 역할을 못 해온 것이 사실이다. 지금까지는, 기술표준 제정뿐 아니라 전력전송과 공급을 포함한 전체 스마트그리드 산업을 독점한 국유기업체인 중국그리드공사가 강력한 스마트그리드 계획 및 건설을 주관해 왔다.

발전된 전력 전송 및 분배 시스템을 총체적으로 지칭하는 스마트그리드와 관련된 중국의 역량을 증진하고 특정 기업의 독점상태인 현황의 변화를 모색하려면, 다양한 산업계와 기업체들이 참여하는 새로운 다원참가체계가 구축되고 이에 따라 인센티브 정책들과 참가자들에게 충분한 보상을 지급하는 메커니즘이 시장의 선도구성원인 국가정부에 의해 구축되어야 한다.

CHAPTER

02

일본의 재생에너지 및 스마트그리드에
관련 법과 정책에 관하여: 진행 사항과 쟁점들

시모무라 히데츠쿠(下村英嗣)

Ⅰ. 서론

동일본 지진ー쓰나미 재해와 잇따라 발생한 후쿠시마 원전 사고는 그 물리적, 사회적 충격으로 인해 일본에게 치명적인 영향을 미쳤다. 이러한 상황에서 재생에너지는 일본에서 광범위하게, 그리고 중요하게 논의되고 있다.

후쿠시마 원전 사고가 발생하기 이전부터 다음과 같은 이유에서 일본은 재생에너지를 도입할 필요가 있었다. 첫째, 지구온난화를 방지하기 위해 일본은 온실가스의 배출을 저감할 것이 요구되었다. 둘째, 일본은 풍부한 석유 자원을 가지고 있지 않으므로, 에너지 자립도를 향상시킬 필요가 있다. 셋째, 재생에너지의 촉진은 산업 발전과 고용 기회를 증진시킬 수 있다. 넷째, 재생에너지의 촉진을 통해 에너지 공급원을 분산시킬 수 있다.

따라서 재생에너지 정책은 넓은 스펙트럼의 의의와 효과를 갖고 있고, 일본의 재생에너지 공급원은 다양한 정책들에 의해 널리 촉진되었다.

재생에너지를 촉진함과 동시에 일본은 스마트그리드의 도입을 고려하고 있다. 또한, 에너지의 효율적 사용이라는 관점에서, 사람들의 생활방식의 전체적인 모습을 고려하여 사회 시스템(스마트 커뮤니티)이 어떠해야 하는지에 관한 연구가 필요하다.

일본의 전력 송신망은 높은 효율성과 안정성을 가진 것으로 알려져 있다. 그러나 유럽에서와 같이 태양광 발전이나 풍력 발전과 같은 재생에너지가 전력 공급의 커다란 부분을 차지하게 되면, 날씨와 기후에 대한 취약성과 불안정한 발전량으로 인해 전력의 안정적인 공급을 확보하기 위한 시스템 안정 정책을 취할 필요가 있을 것이다. 결과적으로 안정적인 전력 공급의 유지와 재생에너지 도입의 확산은 스마트그리드에 공을 들어야 할 이유들 중 하나이다.

그러나 여기서 그것들을 모두 상세하게 검토하기는 어렵다. 이러한 연유에서 첫 번째 파트에서는 후쿠시마 원전 사고의 영향을 포함하여 일본의 에너지 공급체계와 기본 정책의 특징에 대해서 간략하게 논의한다. 두 번째 파트에서는 재생에너지 생산에 관한 일본의 법과 정책의 현황에 대해서 논의한다. 그리고 마지막 파트에서는, 위의 논의에 기초하여 일본의 스마트그리드의 현재 실행 단계와 스마트그리드의 미래를 위한 안건에 대하여 설명한다. 따라서 2장에서는 재생에너지도입의 확산과 스마트그리드 사이의 관계에 대해서 중점적으로 다룰 것이다.

II. 일본의 에너지 현황과 기본 에너지 정책

1. 일본의 에너지 현황의 특징

(1) 낮은 에너지 자립도

일본은 석유의 대부분을 외국으로부터 수입한다. 결과적으로 일본의 에너지 자립도는 약 4%로 낮은 수준이다. 석유 파동 이후로 일본은 석유에 대한 의존도를 줄이고 에너지 자립도를 향상시키는 것을 목표로 해왔다.

이러한 목표를 달성하기 위해 일본은 대체 에너지 공급원을 도입하고 다양화하기 위해 노력해 왔고, 연료에 대한 의식을 고조하였다. 그 결과, 이러한 노력들을 통해 석유 파동 이전인 1973년에 77.4%였던 석유에 대한 의존도를 약 50%까지 감소시켰다.

에너지 안보의 관점에서 재생에너지는 자국 내에서 전량 개발되어 공급될 수 있을 것으로 예상된다.

(2) 증가하는 에너지 수요

일본의 에너지 수요는 세 부문으로 나눌 수 있는데, 이는 우리가 가정이나 직장에서 직접 에너지를 사용하는 상업·주거부문, 사람들과 물품을 이동시키는 데 에너지가 사용되는 수송부문, 그리고 물품을 생산하는 데 에너지가 사용되는 산업부문이다.

산업부문에서는 석유 파동 이후에도 소비량이 거의 같은 수준에 머물러 왔다. 반면 수송부문뿐만 아니라 상업·주거부문에서, 소비량은 급격하게 증가하였다. 산업·상업·주거 수송부문의 상대적 비율은 최근(회계연도 2007) 석유 파동 때인 4:1:1에서 2:1.4:1로 변화하였다.

이러한 결과들은 다음의 요소들에 기인한다. 산업부문에서는 에너지 보존법과 관련된 다양한 정책들의 시행으로 인해 사업체들이 에너지를 절약하도록 강제되었다. 상업·주거부문의 비율상승에 대한 원인으로는 사무실과 가정에서의 전자제품 수의 증가와 함께 사무실, 소매점 등의 연면적 증가를 들 수 있다. 수송부문에서는, 교통량(특히 자동차와 트럭)이 일본 경제의 발전과 함께 증가되어 왔다.

2. 일본의 전력 시스템

일본에는 9개의 지역 전력 시스템이 상호연결라인에 의해 연결되어 있다.
"간단함(simplicity)과 단거리(short distances)"는 개별 전력 시스템에 있어 중요한 요소이다. 다시 말해, 전력 공급원이 소비자에게 더 가까이 위치해 있고, 송전 라인과 배전 라인이 더 간단하게 설정되어 있을수록 전력 시스템이 보다 경제적이고 안정적이게 된다.

실제로는 증가하는 전력 수요와 더욱 커지는 전력 시스템의 규모로 인해 전력 공급원은 소비되는 지점으로부터 더 멀리 떨어진 곳에 위치해 왔다. 재생에너지 생산의 유의미한 증가를 달성하기 위해서, 전력 공급·수요 시스템의 시설과 운용을 점진적으로 개선시키는 것이 필수적이다.

3. 전략 에너지 계획(Strategic Energy Plan)에서의 재생에너지와 스마트그리드 정책

일본 전략 에너지 계획은 에너지 정책에 관한 기본법(Basic Act on Energy Policy)에 기초하여 일본의 에너지 정책의 근본적인 방향을 자세하게 규정하고 있다. 전략 에너지 계획은 일본의 국가 에너지 정책의 기본적인 방향을 에너지 정책의 세 가지 기본 원칙에 기반하여 설정하고 있다. 그 세 가지는 "안정적 에너지 공급의 확보", "환경 적합성" 그리고 "시장 기제의 활용"이다. 또한 최소 3년마다 재검토를 하며 필요할 경우 개정될 것이 요구된다(정책입안: 2003년, 개정: 2007년과 2010년).

지난 몇 년간 자연 자원 및 에너지와 연관된 상황의 급격한 변화를 고려하여, 이전 정부는 기본 에너지 계획을 완전히 개정하였으며, 내각에 의해 일본 전략 에너지 계획이 승인되었다.

국가 에너지 정책의 세 가지 기본 원칙에 더해, 일본 전략 에너지 계획은 "에너지 기반의 경제성장과 에너지 산업의 구조 개혁"이라는 새로운 관점에 초점을 두고 있다.

2030년까지의 주요 목표들은 다음과 같다.

① 에너지 공급에서의 에너지 자급률과 자체 개발한 화석연료 공급률을 두 배로 늘려, 결과적으로 에너지 자립도를 현재의 38%에서 약 70%까지 증대

② 탄소를 배출하지 않는 전력 공급원의 비율을 현재의 34%에서 70%까지 증대

③ 주거부문에서의 CO_2 배출을 절반으로 삭감

④ 산업부문에서의 에너지 효율성을 세계 최고 수준으로 유지 및 향상
⑤ 에너지 관련 생산품 및 시스템의 세계 시장에서 최고 수준의 점유율을
   유지 혹은 획득 목표를 달성하기 위해 다음의 특정한 조치들이 계획에
   제시되어 있다.
• 공급 안정성을 향상시키고 자원을 확보하기 위한 총체적 노력
• 독립적이고 환경 친화적인 에너지 공급 구조의 설립
• 저탄소 에너지 수요 체제의 확립
• 차세대 에너지 및 사회 시스템을 구축
• 혁신적인 에너지 기술의 개발 및 보급
• 에너지에 관한 국제적 협력의 증진
• 에너지 산업의 구조적 개혁의 추진
• 국민과의 상호 이해 촉진과 인적 자원의 개발
• 지방 정부, 기업, 비영리 단체 그리고 시민들의 기여 사이에서의 역할 분담

따라서 재생에너지와 스마트그리드의 도입은 국가 에너지 정책과 같은 지위를 갖는다.

4. 에너지 정책에 대한 후쿠시마 원전 사고의 영향

후쿠시마 원전 사고는 하룻밤 사이에 일본 대중의 원자력 발전에 대한 신뢰를 잃게 하였다. 대부분의 사람들이 원자력에 대해 반대하거나, 최소한 이 전력 공급원의 안정성에 대해 매우 회의적이게 되었다.

이전 정부는 원자력 발전에 대한 일본의 의존도를 낮추고자 노력하였고, 에너지와 환경에 관한 혁신적인 전략을 발표하였다. 정부는 2030년대의 일본 전력 공급원에서 원자력을 완전히 배제하기 위한 조치를 취하는 것을 구상하였다. 그러나 일본에는 54개의 전력 발전소가 있었으며, 주요 회사들과 많은 분석가들은 물론 산업계는 그것이 가능할 것인지에 대해 의문을 표하였다.

현재 대중 여론은 원자력 발전이 없어져야 하는지에 관해 여전히 의견이

크게 대립하고 있다. 일본은 최선의 에너지 믹스에 대해 숙고하기 위한 시간을 가질 필요가 있다.

대중의 시각이 이렇게 대립하고 있는 상황에서, 가까운 미래에 원자력을 우리 사회에서 배제하는 것은 불가능할 것이다. 일본의 여론은 여전히 분열되어 있지만 어떻게든 대부분의 사람들은 원자력이 없는 일본이 미칠 영향과 원자력 없이 생존할 수 있는지에 대해 생각하지 시작하였다.

후쿠시마 사태 이후로 이전 정부가 일본을 원자력에 대한 과도한 의존에서 벗어나게 하기 위해 노력하였음에도 불구하고, 원자력으로부터 완전히 벗어날 수 있는 실현 가능한 방법을 찾지 못하였다. 현재 새 정부는 원자력의 배제는 현실적이지 않다고 말하고 있다. 이것은 두 가지 정책적 변화로 연결된다.

첫째, 현존하고 있는 원자력 발전 시설들은 안정성 문제를 결정하기 위해 조직되고 있는 새로운 독립된 원자력 규제 당국에 의해 안정성을 재확인한 다음에 재가동될 것이다. 몇 개의 원자력 발전소가 승인을 받을 수 있을지 아직 알 수 없다. 그러나 현재로서는 두 개의 발전소만이 가동되고 있다.

둘째, 앞으로 10년 내에 일본의 에너지 믹스는 재검토될 것이다. 재생에너지는 여전히 상당히 중요하며 이번 정부는 재생에너지의 개발을 촉진시킬 것이다. 그러나 특히 대규모 활용이 예상되는 점을 고려할 때, 전력 공급원으로서 재생에너지의 안정성과 실현 가능성을 검증하기 위해서는 상당한 시간을 투자해야 할 것이다. 우리는 계속해서 재생가능한 방향으로 향할 것이지만, 보다 균형 잡힌 접근이 필요하다.

III. 재생에너지의 촉진에 관한 법과 정책

1. 재생에너지의 촉진에 대한 지원

1997년 신에너지 사용의 촉진 등을 위한 특별조치법(The Act on Special Measures for the Promotion of New energy Use, etc. 1997, 이하 '신에너지법')은 재생에너지에 관한 첫 번째 입법이다. 신에너지(New Energy)는 석유에서 발생하는

에너지와 유사한 효과를 제공할 수 있는 대체 에너지와 같은 것으로 정의된다.

신에너지법은 다음과 같은 특징을 갖고 있다. 첫째, 정부는 행정부 조직, 산업계와 국민에 대한 정책 조치들을 제공한다. 둘째, 정부는 신에너지 생산 프로젝트를 수행하게 될 사람, 기업 및 기구에 대해 재정지원 정책을 제공한다.

재정지원 정책의 예로는 설치비용의 1/3을 지급하거나 이자 없이 대출금 상환 기간을 연장하는 것 등이 있다.

2. 전력 사업자의 신에너지 사용 의무

신에너지법만으로는 2010년에 191만kl의 목표치를 달성할 수 없을 것으로 밝혀지자, 전력사업자에 의한 신에너지 사용에 관한 특별조치법(the Act of Special Measures for the Use of New Energy by Electricity Businesses, 이하 'RPS법') 이 2002년에 처음 시행되어 최근까지 시행되어 왔다. 그러나 RPS법은 2012년에 폐기되고 나중에 언급될 발전 차액 지원 제도(Feed-in-Tariff)법이 시행되었다.

RPS법의 프로그램은 전력회사들이 소비자들에게 일정량의 재생에너지를 공급할 것을 의무화하였다. 정부는 사용되어야 하는 신에너지의 8년 후 목표치를 제시하고 그것을 고려해서 각 전력회사에 대해서 매년 의무적인 에너지 공급량을 설정해야 한다.

목표치는 2010년까지 1,220억kWh였다. 전력 회사들은 신에너지의 의무 공급을 충족하기 위한 방안으로 다음의 세 가지 선택지를 가지고 있었다.

첫째, 전력 회사는 스스로 재생에너지(신에너지)를 생산하여 사용할 수 있다.

둘째, 전력 회사는 신에너지 사업을 하고 있는 다른 회사에 의해 발전된 신에너지를 구입할 수 있다. 일본의 전력 사업 시스템에서는 주요 전력 수요자를 위한 발전 사업은 자유화되었으며 다양한 기업들이 발전 사업에 참가한다.

마지막 선택 사항은 다른 회사가 신에너지 전력을 자신의 의무 공급 수준보다 더 많이 생산할 경우 전력 회사가 그 잉여 전력을 가져오는 것이다.

따라서 RPS 프로그램은 재생에너지 공급원들 사이의 저비용 경쟁을 촉진하여 에너지의 비용 효율성을 향상시키는 것을 목표로 하였다.

3. 전력 회사의 기금 조성

일본에는 신재생에너지 전력 장치의 설치를 보조하는 녹색전력기금(Green Power Fund)이라고 하는 보조금 제도가 있다.

녹색전력기금 프로그램에 따르면 전력 소비자는 월별 전기요금 청구서를 통해 100~500엔을 지불하고 전력 회사가 그 금액을 합산하여 기금에 기증한다. 기금에 의해 조성된 자금으로 여러 지역에 있는 재생에너지 시설에 대해 지원금을 제공하는 것이 가능하다. 보조금의 액수는 각 지역에 있는 시설마다 상이하다.

4. 기업의 자발적 활동

(1) 재생에너지 인증서(Renewable Energy Certificates)

일본에는 "재생에너지 인증서"라고 불리는 기업들을 위한 자발적 프로그램이 존재한다. 이 프로그램은 재생에너지의 확산과 보급을 목표로 하고 있다. 기업들이 녹색 전력 인증서(Green Power Certificate)라고 하는 인증서를 구매하고 돈을 되돌려 받는 것이 가능하다. 프로그램에 참여하고 있는 기업들은 재생에너지 전력을 사용하고 있는 것으로 간주된다. 인증서를 발급하는 수개의 기업들이 있으나, 제3의 단체가 이를 인증할 것이다.

인증서를 구입하는 기업들은 고객들에게 그들이 인증서를 사용한다는 점을 광고한다. 소비자가 그 기업의 제품이나 서비스를 구입하는 경우 재생에너지 공급원의 보급에 간접적으로 기여할 수 있다.

(2) 잉여 전력 환매 프로그램(Surplus Electricity Buyback Program)

일본에는 전력회사에 의한 또 다른 자발적인 프로그램이 존재한다. 그것의 명칭은 "잉여 전력 환매 프로그램"이다. 이 프로그램은 전력회사들이 소비자들로부터 잉여 전력을 소비자 전력 가격에 가까운 가격에 구매하는 방식으로 이루어진다.

전술한 바와 같이, 소비자가 태양력이나 풍력을 사용하기 시작하면서 전력을 모두 사용하지 못할 경우 전력 회사들이 잉여 전력을 구매한다.

이것은 프리미엄 없는 FIP제도(Feed-in-Premium)인 발전차액지원제도(Feed-in Tariff)로 분류될 수 있다. 반면에, 일본에서 전력회사에 의해 자발적으로 제공되고 있는 현재의 환매 프로그램은 장기적인 구매를 확보하기 위한 도입이 아직 이루어지지 않고 있다.

5. 발전 차액 지원제도(Feed-in-Tariff)

(1) FIT 제도의 개요

발전 차액 지원제도는 최근 일본에서 가장 주목할 만한 정책이다. "전력 발전소에 의한 재생에너지 전력 구매에 관한 법률(Act on Purchase of Renewable Energy Sourced Electricity by Electric Utilities)"은 전력 발전소들이 고정된 가격과 고정된 기간의 계약에 기초해 재생에너지원으로부터 생산된 전력을 구매하는 것을 의무화한다. 이것은 2012년 7월 1일에 시행되었다.

재생에너지에 의해 발전된 전력을 구매하는 데 발생하는 비용은 전력 사용량에 전반적으로 비례하여 "재생에너지를 위한 추가비용"을 지불하는 전체 전력 소비자들에게 전가된다.

(2) 구매되는 전력

태양광, 풍력, 수력(30MW 미만), 지열 및 바이오매스로부터 발전된 전기가 구매된다. 주거시설에서의 소규모 태양광 시스템이나 동종의 시스템의 경우, 전력망으로 다시 반출되는 잉여 전력은 현재 제도하에서와 같이 구매된다. 소규모 풍력 발전기로부터 발전된 전력도 이에 포함된다. 바이오매스 전력 발전 시스템의 경우, 종이나 펄프 산업과 같이 현존하는 산업에 영향을 주지 않는 바이오매스의 경우에 자격요건이 인정된다.

전력 발전기와 발전 방법에 대한 경제산업성 장관(the Minister of Economy, Trade and Industry)의 확인증이 구비될 필요가 있다(예를 들어, 발전기가 안정적으로 작동할 수 있는지 여부가 확인된다). 허가를 받은 발전기로부터 공급된 전력이 구매된다.

(3) 구매 의무

전력 발전소는 의무적으로 전력망 접속을 허용하고 구매를 위해 필요한 계약을 실행하여야 한다. FIT 요금과 계약 기간은 재생에너지원의 유형, 설치 형태, 규모 등에 비추어 결정된다. 요금과 기간은 새로이 설립된 독립적인 위원회(구성원들은 내각의 승인을 받은 후에 임용된다)의 의견에 기초하여 경제산업성(METI)에 의해 통지된다.

요금과 기간을 결정하는 과정에 있어서, 경제산업성 장관은 관련 장관(농림수산성 장관, 환경성 장관, 내각부특명담당대신(소비자및식품안전))들과 상의하여야 한다.

재생에너지로부터 공급된 전력의 생산을 보다 집중적으로 증진시키기 위해, 법률의 시행일로부터 3년간의 FIT 요금 결정에 있어 재생에너지 전력 공급자의 이윤에 대해 특별한 고려가 이루어질 것이다.

요금과 기간을 정함에 있어 다음과 같은 점들이 고려될 것이다.

요금: 재생에너지를 이용한 전력 발전소로부터 공급되는 전력의 생산을 위해 통상적으로 필요한 전력 발전 비용, 재생에너지를 이용한 전력 공급자들이 얻는 이윤, 등
기간: 재생에너지를 이용하는 전력 발전소의 설치로부터 장비의 재설치(renewal)가 필요한 시점까지의 통상적인 기간

또한 2013년에 결정된 회계 연도 2014의 구매 비용은 다음과 같다(모든 가격은 세금을 포함하고 있음).

		10kW 이상	10kW 미만	
태양광 발전	가격	37.8엔	38엔	
	기간	20년	10년	
		20kW 이상	20kW 미만	
풍력발전	가격	23.1엔	57.75엔	
	기간	20년	20년	
		1,000kW 이상 30,000kW 미만	200kW 이상, 1,000kW 미만	200kW 미만
수력발전	가격	25.2엔	30.45엔	35.7엔
	기간	20년	20년	20년
		15,000kW 이상	15,000kW 미만	
지열발전	가격	27.3엔	42엔	
	기간	15년	15년	
		메탄 발효 가스화(methane fermentation gasification)	간벌(thinning) 등	목재칩(wood chips) 등
바이오매스	가격	40.95엔	33.6엔	25.2엔
	기간	20년	20년	20년
		폐기물	건축 폐기물로부터 얻은 스크랩 우드(scrap wood)	
	가격	17.85엔	13.65엔	
	기간	20년	20년	

*이 표는 http://www.enecho.meti.go.jp/saiene/kaitori/kakaku.html에서 참조가능 (일본어)

(4) 구매 비용의 징수

구매에 필요한 비용에 충당하기 위하여, 각 전력 발전소가 자신의 고객에게 전력 사용량에 비례하여 전기 가격에 대한 추가적인 비용을 요구하는 것이 인정된다. 구매된 전력(kWh)과 매출액(1,000엔)의 비율이 일정 수준을 초과하고 일정량의 전력보다 더 많이 소비하는 사업과 관련된 사무실이나 공장은 추가비용의 80% 이상을 지불하는 것으로부터 면제된다. kWh당 추가비용은 모든 지역에서 동일하다.

국가 평균으로, 0.35엔(현재 계획에 기초)과 0.05엔(구 계획하에서의 평균 추가비용)을 합하여 설정된 1kWh당 0.40엔의 추가비용이 고객들로부터 징수될 것이다. 매월 300kWh의 전력을 소비하는 평균적인 가구의 경우, 만약 가구 소비자가 7,000엔을 월 전기료로 지불한다면, 300kWh에 0.40엔/kWh를 곱하여 결정되는 120엔이 추가비용으로 징수된다(2012 회계연도에는 87엔이 징수되었다).

6. 재생에너지의 도입 성과(introduction performance)

일본의 재생에너지의 도입 정책은 점진적으로 자발적인 접근방식에서 강제적인 접근방식으로 전환되었다는 점이 지적될 수 있다.

다음은 2013년 6월 30일 기준으로 재생에너지를 발전하는 시설들의 도입 결과와 현황을 나타내고 있다. 2012년 4월에서 2013년 1월까지 그러한 시설들의 전체 총 발전량은 1,394,000kW에 달하였다.

위 시설들에 더하여, 자원에너지청(Agency for Natural Resources and Energy, ANRE)은 석탄과 다른 물질들의 배합물을 연소하여 전기를 발전하는, 2012 회계연도에 작동을 시작해 350,000kW의 전기를 생산한 발전소들을 승인하였다. 그러나 이 생산 방식은 ANRE에 의해서 100% 바이오매스 전력 발전으로는 인정되지 않는다. 이러한 시각에 기초하여, 이러한 시설들로부터 생산된 전력은 수

신재생에너지를 발전하는 시설 (공급원의 종류)	발전 차액 지원 제도 도입 전 2012년 7월 1일 이전 시설들의 전체 총합 발전량	발전 차액 지원 제도 도입 후	
		2012 회계연도(2012년 7월 1일에서 2013년 3월 31일) 시설들의 전체 총합 발전량	2013 회계연도(2013년 4월 1일에서 6월 30일) 시설들의 전체 총합 발전량
태양광 발전(가구용)	약 4,700,000kW	969,000kW	410,000kW
태양광 발전(가구 이외)	약 900,000kW	704,000kW	1,416,000kW
풍력 발전	약 2,600,000kW	63,000kW	3,000kW
중·소규모 수력발전 (1,000kW 이상)	약 9,400,000kW	0kW	0kW
중·소규모 수력발전 (1,000kW 미만)	약 200,000kW	2,000kW	0kW
바이오매스 발전	약 2,300,000kW	30,000kW	68,000kW
지열 발전	약 500,000kW	1,000kW	0kW
계	약 20,600,000kW	1,769,000kW	1,897,000kW

출처: 2010년 6월 30일 기준 신재생에너지를 발전하는 시설들의 도입 현황에 관한 자원에너지청 발표자료 (http://www.meti.go.jp/english/press/2013/1004_02.html.)

치의 왜곡을 피하기 위해 고려 대상에 넣지 않았다.

하지만, 2010년 1차 에너지 공급에서 재생에너지가 차지하는 비율이 6.8% 라는 점은 추가되어야 할 것이다. ANRE의 전망에 의하면 2030년에는 그 비율이 12.9%에 이를 것이다.

IV. 현재 스마트그리드(Smart Grid) 도입의 접근 방법

1. 국가 레벨에서의 스마트그리드 도입의 현황

일본에는 스마트그리드나 스마트 커뮤니티에 특화되었거나 이를 제도화하는 법은 존재하지 않는다. 주요 입법은 위에서 언급된 전략 에너지 계획(Strategic Energy Plan)이다. 국가적 차원에서 스마트그리드는 아직 도입되지 않았지만, 도입을 향한 기반을 구축하는 것은 지역 차원에서 진행되고 있다.

국제적 차원에서는 일본-미국 스마트그리드 협력 시범사업(Japan-U.S. Smart-Grid Collaborative Demonstration Project)이 청정 에너지 기술에 관한 일본-미국간 협력에 기초하여, 뉴멕시코 정부, 미국 국가 연구소 그리고 지역 전력회사 및 지역 주체들과 협력하여 시행되고 있다.

재생에너지의 도입목표를 나타내는 장기 에너지 공급-수요 전망에 의하면, 일본 정부는 스마트그리드에 관련된 다양한 연구 위원회와 워크샵을 설립하고 있으며, 스마트그리드의 기술적 발전과 표준화 전략에 대해 강구하고 있다. 이러한 움직임에 더하여 다양한 시범 사업들이 일본에서 추진되고 있다.

스마트그리드는 경제 성장을 위한 장치 또는 그러한 기능을 가진 것으로 인식되고 있다. 이러한 인식으로 인하여, 일본의 주요 정책인 "일본의 신 성장전략을 실행하기 위한 100가지 조치(100 Actions to Launch to Japan's New Growth Strategy)"는 스마트그리드를 중요한 성장정책의 하나로 위치시키고 있다. 이를 통해 스마트그리드의 중요도는 일본의 에너지 정책에서 보다 향상될 것이다.

2. 스마트그리드 도입을 향한 탈규제화(Deregulation)

(1) 전력 시스템 개혁의 촉진

2013년 4월 2일, 정부 내각은 시스템 개혁의 전체 그림에 해당하는 "전력 시스템 개혁에 관한 정책(the Policy on Electricity System Reform, 이하 '본 정책')"을 승인하기로 결정하였다.

본 정책은 개혁의 목표를 다음과 같이 설정한다.
- 전력의 안정적인 공급을 확보하는 것
- 전력 요금을 최대한 억제하는 것
- 기업 운영자들에게 그들의 사업을 확장할 수 있는 기회를 제공할 뿐만 아니라 소비자들에게 선택의 기회를 제공하는 것

이러한 목표를 달성하기 위해 개혁 작업은 다음의 세 가지 기둥(pillars)에 집중하여 진행될 것이다.
- 광역 전력망의 운영을 확장시키는 것
- 유통 시장과 전력 생산을 완전히 자유화하는 것
- 법적인 구조 분할 방법을 통한 송전/배전 부문의 중립성을 한층 강화하는 것

본 정책은 또한 이 세 기둥들이 세 단계로 나뉘어 실행되는 한편, 개선 작업을 효과적으로 진행시키기 위하여 각 단계에서 극복되어야 하는 난관들을 철저하게 연구하고 그러한 연구의 결과에 기초하여 필요한 조치를 취하는 것에 대해 언급하고 있다.

(2) 정책 시행을 위한 계획(입안을 위한 계획)

① 1단계

2015년경 송전 오퍼레이터의 전국 조직화를 위한 기구(the Organization for Nationwide Coordination of Transmission Operators)(가제) 설립(1단계 법안이 2013년 11월 국회를 통과하였다)

② 2단계

2016년경 전력 유통 시장을 유통 주체들이 진입할 수 있도록 완전히 자유화

③ 3단계

법적 구조 분할을 통한 송전/배전 부문의 중립성을 한층 강화, 2018~2020년경까지 전기 요금을 완전히 자유화

(3) 법안의 목적

본 정책에 기초하여, 법안은 광역 전력망의 운영을 촉진하기 위한 조치를 취하는 것, 가내에서 발전된 전력(자기위탁, self-cosignments)을 위한 휠링(wheeling) 서비스[1] 관련 시스템의 검토, 그리고 긴박한 전력 공급-수요 상황 발생에 대한 대비를 강화하기 위해 전력 사용을 제한하는 명령과 관련된 시스템의 점검을 목적으로 하고 있으며 이 모든 것은 개선 작업의 첫 단계에서 이루어져야 할 사항들이다.

추가적으로, 유동 주체들이 진입할 수 있는 전력 유통 시장으로의 완전한 자유화와 관련된 단계적인 시행 조치를 위한 보충 조항들(프로그램 조항, 개선 작업의 두 번째 단계)과, 법적 구조 분할을 통한 송전/배전 부문의 중립성의 강화 및 전력 요금의 완전한 자유화(개선 작업의 세 번째 단계)가 있다.

(4) 법안의 개요

법안에서 규정되어 있는 개혁을 위한 네 가지 조치는 다음과 같다.

① **광역 전력망의 운용을 촉진하기 위한 정책**

-송전 오퍼레이터의 전국 조직화를 위한 기구(the Organization for Nationwide Coordination of Transmission Operators)의 설립

-경제산업성에 의해 발부되는 공급 명령의 검토

② **가내에서 발전된 전력을 위한 휠링(wheeling) 서비스에 관한 시스템의 검토 (자기위탁)**

---

1) 어떤 계통의 송전설비를 다른 계통의 전력을 보내기 위하여 사용하는 것

③ 전력사용을 제한하는 명령에 관한 시스템의 검토

④ 단계적인 개혁 시행을 위한 정책 조항의 개발

- 본 정책에 기초하여, 개혁 작업을 효과적으로 진행시키기 위해 각 단계에서 극복
되어야 하는 난관들을 철저하게 연구하고 그러한 연구의 결과에 기초하여 필요한
조치를 취하는 한편, 두 번째 단계와 세 번째 단계에서 조치들을 시행하고 법안
을 제출하는 시점을 명시하는 것

- 본 정책에 설명되어 있는 바와 같이, 자금 모집에 따른 어려움을 방지하기 위한
조치들과 전력의 안정적인 공급을 확보하기 위한 조치들과 같은 주의를 요하는
사항들을 명시하는 것

따라서 이러한 전력 사업의 탈규제화는 스마트그리드가 전국적으로 도입되
는 것을 가능하게 할 것이다.

3. 지역 도시에서의 스마트 커뮤니티 실증 프로젝트

(1) 에너지 수요 및 공급의 구조적 변환의 필요성

지진 재해가 있은 이후로, 에너지를 절약하고 피크아워(peak hour) 동안 에
너지를 절감하는 것이 전력 네트워크에 있어 시급한 문제가 되었으며, 재해가
발생했을 경우 에너지의 공급을 확보하는 것이 해결과제가 되었다.

이러한 문제들에 대한 해결 방안은 전력, 열 그리고 교통을 포함하는 에너
지를 위한 효율적인 시스템이며, "스마트 커뮤니티"라고도 알려져 있다.

과거에는 전력 회사들은 수요자들이 필요할 경우 필요한 양의 전력을 동일
한 가격 분류에 의해 공급하여 왔다. 재난사태가 있은 이후로, 포인트 인센티브
와 계절 및 시간대에 따른 유연한 전력 요금제와 같이, 소비자에 대한 알림(수요
반응)을 통해 수요와 공급이 조정될 수 있다는 재량의 여지가 발생하게 되었다.

재생에너지는 변동을 거듭하며 강한 지역성을 가지고 있다. 미래에 만약 생
산된 전력 중 25에서 35% 수준에서 재생에너지가 도입될 경우, 공급자 측에서 담
당하여 왔던 공급·수요 조정 기능이 이제 소비자에 의해 이루어지게 된다. 만약

공급·수요 변동이 가정과 지역에서 균일해진다면, 시스템 부하가 감소될 수 있다.

대규모의 집적적인 전력 공급원으로부터 에너지가 단방향으로 공급되는 에너지 공급구조에서, 수요와 공급의 양방향성에 기초한 수요 공급 조정기능을 가진 분산된 에너지 공급·수요 구조로 개혁이 이루어지는 것이다.

(2) 차세대 에너지와 사회 시스템의 실증

"차세대 에너지 및 사회 시스템 시범사업(Demonstration of Next-Generation Energy and Social Systems)"은 "녹색 혁신을 통한 에너지 전력과 환경이 되기 위한 전략"이라는 주제하에서 정부 성장 전략의 목적으로 내세워진, 일본형 스마트그리드의 구축과 해외에서의 도입을 추진하기 위한 계획에 해당하는 프로그램이다.

METI는 이 프로그램을 위한 프로젝트 제안을 요청하였고 차세대 에너지 및 사회 시스템에 관한 회의에서 전문가들의 의견을 고려하여 제출된 제안서를 검토하였다. 그 결과 요코하마시, 토요타시, 쿄토(칸사이 과학 도시), 키타큐슈시 지역들이 "차세대 에너지 및 사회 시스템 시범 지역"으로 선정되었다.

이 지역들은 차세대 에너지 및 사회 시스템에 관한 회의에서의 논의 사항을 고려하면서, 제출한 제안서에 기초하여 그들의 마스터 플랜을 개발한다. 시범 지역의 한 사례로서 요코하마시의 사례를 이하에서 설명한다.

요코하마 스마트 시티 프로젝트(the Yokohama Smart City Project, YSCP)는 시민, 사기업, 지방 자치체 사이의 협력을 통해 스마트 시티를 위한 모델을 개발하여 성공적인 모델을 일본과 세계 전역에 수출하기 위한 노력이다. 다양한 지형학적 구역을 갖고 있는 선진적인 대도시인 요코하마를 무대로 대규모 운용 실험이 이루어지고 있다. 에너지 관리 시스템(EMS)의 위계적 결속은 개인 EMS 레벨의 에너지 관리와, 전체 시스템 레벨의 수요측면 관리를 가능하게 한다.

각각의 EMS는 에너지 관리와 에너지 사용을 알아볼 수 있게 하는 데 있어서 개별적인 환경을 고려한다. EMS에는 여러 가지 다양한 유형들이 있다. 집을 위한 HEMS, 주거 단지를 위한 HEMS, 아파트를 위한 HEMS, 통합 BEMS, 그리고 공장 운영을 최적 수준으로 관리해주는 FEMS가 있다. 통합 BEMS는 오피스

빌딩과 상업 시설을 위한 BEMS의 집단적 관리를 제공한다. 이에 더하여, CEMS
는 차세대 운송 시스템의 핵심을 구성하고 전체 지역사회 레벨에서 최적의 에너
지 관리를 제공할, 충전과 방전의 검증에 필요한 전기 자동차(EV), 충전소, 시스
템 안정화에 기여하는 SCADA 저장장치와 같은 요소들을 함께 포함한다.

EMS의 최적 수준의 결합과 CEMS에의 집중을 통하여, 우리는 날씨에 민감
한 태양광(photovoltaic, PV) 발전의 불안정성을 감소시키는 한 사례와 같이, 신
재생 에너지의 대규모 도입을 활성화할 기반 시설을 창조하고 있다. 동시에 우
리는 수요반응(demand response, DR)의 대규모 검증을 시행하고 있다. 소비자들
에게 전력사용을 제한할 인센티브를 제공함으로써 전력 수요를 감소시켜 더 적
은 사회 비용으로 CO_2 삭감에 기여하는 것에 더해, 태양광 발전의 대규모 도입
에 의해 생산될 잉여 전력을 흡수할 수 있도록 DR을 검증하여 전반적인 에너지
관리의 최적화를 실현하고 있다.

V. 일본에서의 스마트그리드 도입에 관한 관점과 이슈

1. 단기적 이슈

단기적인 재생에너지 생산 목표는 지역 산출량과 네트워크 특성을 포함한
현존하는 전력 시스템의 운영을 개선함으로써 달성할 수 있을 것이다. 재생에너
지의 도입 단계에서, 미래의 전력 시스템이 어떻게 되어야 하는지에 대해 논의
할 필요가 있다.

스마트그리드는 정보 기술에 기초하여 전력 수요, 공급·수요 상황, 분산된
전력 공급원으로부터의 산출물을 조정한다. 스마트그리드는 전력 생산 시설의
필요 생산능력을 절감시키며, 분산된 전력 공급원과 기존의 대규모 중앙 집중적
전력 공급원의 보다 효율적인 활용을 가능하게 함과 동시에 재생에너지의 대규
모 생산을 활성화시킨다.

일본에서는 국가가 유연하고 강력한 전력 시스템을 구축하고 재생에너지
에 기초한 저탄소 사회를 실현할 수 있도록 스마트그리드를 설치할 필요성이

존재한다.

이러한 노력의 일환으로 일본은 신재생에너지 전력 시스템의 상호연결을 위한 전력 조정장치(power conditioners, PCS)의 산출물과 커뮤니케이션 기능에 대해 논의하여야 하며, 또한 가구, 빌딩 그리고 위에서 언급한 지역 시범 사업과 같은 지역을 위한 에너지 관리 장치의 사양에 대해 검토하여야 한다.

제도적 측면에 관해서는, 시스템 상호연결 관리를 책임지는 여러 전력 회사들에 의해 서로 다른 비표준화된 상호연결 절차가 사용되고 있다. 이러한 것들은 상호연결을 적용하려는 측에 막대한 비용을 발생시킨다. 또한 정보 비대칭은 불공평한 사업 조건을 야기하고 있다. 이러한 사실에 비추어 볼 때 상호연결 절차를 표준화시키는 것이 필수적이라고 할 것이다.

재생에너지 전력은 자연 조건에 상당히 민감하다. 빈도와 공급·수요 상황을 통제함에 있어 반드시 전력 시스템이 개별 재생에너지 공급원을 사용하여 균형을 유지할 필요는 없다. 이러한 이유로, 시스템 상호연결 가이드라인은 "전기를 동시에, 필요한 정도의 전력량만큼 생산한다"는 조건을 완화하는 것으로 개정되어야 한다. 이 점에 관하여는, 위에 업급된 전력 시스템 개혁에 관한 정책(Policy on Electricity System Reform)이 확실하게 보장될지 여부에 의해 결과가 달라진다.

또한, 지역간 상호연결 라인의 운영에 관한 더 많은 정보를 공개하여 전력 관리의 투명성을 확보함과 동시에 효율적인 운영을 달성함으로써 시장의 신뢰를 얻는 것이 중요하다.

2. 중기적 이슈

시스템 운영의 개선의 일환으로, 태양광 전력의 잉여전력 문제를 다루기 위하여 양수발전소(pumped storage power plants)의 주간 운영을 조정하는 것과 같이 기존의 전력 시스템의 시설 및 장치들이 보다 유연한 방식으로 사용될 수 있다.

재생에너지 발전 시스템의 작동에 있어서, 만약 우리가 모든 개별 시스템으로부터 얻은 에너지를 전부 최대로 활용하기를 원한다면, 저장 장치와 같은 추가적인 설비를 설치하여야 할 것이므로 전반적인 최적화를 유지하는 것에는 실패할 수 있다. 이러한 이유로 인해, 최적의 경제적인 효율성을 달성하기 위해서는 잉여전력을 조절하는 것이 최우선 목표가 되는 것이 바람직하다.

일본의 취약한 에너지 공급 구조를 극복하고 지속가능한 저탄소 사회를 건설하기 위해, 대규모 전력 발전소와 분산된 에너지 공급원들이 조화롭게 기능하는 새로운 전력 공급 시스템을 도입할 것이 촉구된다. 이 목적을 달성하기 위해, 대규모 전력 회사들과 새로운 중소 전력 공급자들이 미래의 시스템에 관련된 설비, 운영, 비용 분담에 대해 의견을 교환하여야 한다. 다음으로, 법, 규제 그리고 다른 제도적인 측면을 검토하고, 관련 절차들을 표준화하며, 자본 투자를 신속하게 개시할 것이 요구된다.

사회 기반 시설을 개선함에 있어서, 수요자 측은 산출량 조절 및 통신 기능을 갖춘 진보된 전력 조절장치를 설치하거나, 주거/빌딩/지역사회 에너지 관리 시스템을 개발하거나 도입하도록 권장될 수 있다. 분산된 전력 공급원에 대한 조절 기능을 기존의 대규모 전력 공급원의 중앙 집중적인 조절 기능과 통합시키는 것이 바람직하다.

스마트그리드는 수요 반응 메커니즘을 스마트 미터와 결합시키는 기술이다. 이 기술은 대규모의 분산된 전력 공급원과 중소 규모의 분산된 전력 공급원 그리고 배터리 시스템 사이의 기능을 조화하기 위해 설계되었다. 스마트그리드는 또한 이 기술을 사용하여 유연하게 작동하는 전력 시스템을 지칭한다.

국가적 차원에서, 일본은 장기적으로 더 많은 양의 재생에너지 전력을 주요 에너지 공급원으로서 도입하기 위해, 스마트그리드를 미래의 전력시스템으로 전환하는 것을 시작하여야 한다.

제도적 검토의 중요 부분으로서, 사회 기반 시설(설비와 통제 절차)에 더하여 투명한 개방형 전력 시장을 구축하여 개별적인 설비들이 조화롭게 설치되고 운영되는 것을 보장하여야 한다.

3. 장기적 관점

운용면의 개선에 있어서, 예를 들어 기상 예보 및 데이터를 활용하거나 태양열의 특성을 이용하는 것 등을 통해 소비자, 분산된 전력 공급원 그리고 저장 시스템 사이의 조율이 이루어져야 한다. 경제적 효율성과 잉여 전력의 삭감을 달성하기 위해 재생에너지가 최우선 목표가 되어야 한다.

기반 시설의 개선에 있어서는, 수요와 공급 측면을 함께 조율함으로써 더욱 강력한 전력 시스템이 구축되어야 한다. 수요 측면에 관한 대책으로는 저장 장치의 분산과 같이, 주거/빌딩/지역사회 에너지 관리 시스템의 보급이 포함될 수 있다. 공급 측면에 관한 대책으로는 스마트그리드의 보급과 정밀화가 포함되어야 한다.

제도적 검토에 관해서는, 대규모 전력 공급원과 중소 규모의 분산된 전력 공급원의 조화로운 통제를 수행할 수 있는 전력 시스템이 구축되어 에너지 불균형 비용과 다른 정보가 공개될 수 있도록 하여야 한다.

4. 전력 공급-수요 시스템의 개선 비용

재생에너지 전력을 전력 시스템에 상호 연결하는 것에 관련된 시스템 안정화의 비용이 더욱 유연한 운영, 예상되는 제도적 검토 그리고 잠재적인 스마트그리드의 구축을 고려하여 산정된 바 있다. 시스템 안정화의 누적 비용은 선택에 따라 2030년까지 9천억 엔에서 3조 5천억 엔(각 2010년 가치 기준)에 이른다.

일본의 전력 시스템을 개선하기 위한 저장 장치 설치의 중·장기적 비용을 산정함에 있어서, 재생에너지 전력의 대량 생산이 주는 영향(생산되는 산출량과 산출량의 변동)을 결정하는 것이 필수적이다.

전력 생산의 특징에 관한 데이터는 지정학적으로 분산된 장소에 있는 수개의 관측 샘플로부터 수집한 분별(minute-by-minute) 데이터에 기초하여 단기 및 중기 단위로 얻을 수 있다.

산출량과 그에 대응하는 영향 사이의 관계에 관한 종합적인 분석은 저장

장치의 필요한 용량과 그 형태를 결정하는 것을 가능하게 할 것이다. 저장 장치를 설치하는 비용이 재생에너지 전력을 도입하는 전체 비용의 커다란 부분을 차지하기 때문에, 필요한 용량을 엄밀 정확하게 측정하는 것이 필수적이다.

자원에너지청(Agency for Natural Resources and Energy) 산하에 있는 신에너지 대량생산을 위한 시스템 안정화 정책 및 비용 할당 분과위원회의 저탄소 전력 공급 시스템 연구 그룹이 측정한 바에 따르면, 2030년에 530만kW의 태양광 전력(현재 수준의 40배)을 생산하기 위해서 4조 6천억 엔에서 6조 7천억 엔의 누적 시스템 안정화 비용이 필요하다.

비록 위원회는 태양광 전력의 누적 생산량을 자원에너지청의 추정치보다 더 높은 7천 9백만kW일 것으로 추정하였으나, 2030년까지 전력 공급－수요 시스템의 개선에 드는 누적 비용은 3조 5천억 엔에 달할 것으로 추정되고 있다.

VI. 결론

일본에서의 스마트그리드는 발전 단계에 있다. 특히 후쿠시마 재해 이후, 일본의 취약한 에너지 공급 구조 문제를 해결하고 상당한 수준의 재생에너지를 생산하기 위해서, 대규모 전력 발전소, 분산된 전력 공급원 및 전력 저장장치 사이의 협조된 네트워크 구축을 통해 보다 현명하고 진보된 방식으로 작동할 수 있는 스마트그리드로 이행하는 것이 필요하다. 그리고 우리는 이것이 가능한 빠른 시일 내에 가능하기를 원한다. 전력 시스템을 포함한 전력 공급·수요 시스템의 그와 같은 진보는 운용 대책과 기반시설 개선의 시의적절한 결합을 만들어내기 위해 필수적일 것이다.

법제설계 및 위험이론과 스마트그리드 소비자수용성의 연계

조엘 B. 아이젠
에밀리 해몬드

2013년 11월, 일군의 학자, 정부관료, 과학자, 기술자들이 서울대학교에 모여 스마트그리드에 관하여 마련된 특별한 학회에 참석하였다. 이 학회는 현대화된 전력 네트워크가 전력수요를 획기적으로 줄이고 전세계 각지의 소비자들과 환경에 이익을 가져다 줄 엄청난 잠재력을 지니고 있음을 전세계에 알렸다. 미국에서는 연방정부와 주 정부들 모두 스마트 계량기(smart meter)의 설치와 상업, 산업, 주거목적시설들의 에너지 관리체계의 개량을 장려하는 정책을 펼치고 있다. 대한민국도 이와 유사하게 "전력공급체계를 총체적으로 재검토하여 21세기에 적합한 체계를 갖추고자 하는"[1] 야심적이고도 종합적인 스마트그리드 프로그램[2]에 착수했다. 여타 국가들도 유사한 계획을 수립하고 있다.[3]

---

1) Bernie Bulkin, *South Koreans are leading the way in their vision for 'smart grid,'* theguardian, May 2, 2014, http://www.theguardian.com/sustainable-business/smart-grid-south-korea-rethinking-electricity.

2) Seung-il Moon, Presentation, Law and Policy on Smart Grid in Korea, Smart Grid Int'l Conf., School of Law, Seoul National University, Nov. 26, 2013. The Smart Grid Construction and Utilization Promotion Act of the Republic of Korea Ministry of Trade, Industry and Energy, May 24, 2011, http://elaw.klri.re.kr/eng_service/lawView.do?hseq=25135&lang=ENG, called for the Korean government to establish a master plan for Smart Grid development. The first master plan was established in 2012. See Korea Smart Grid Inst., Smart Grid,

이 학회는 향후 진행될 연구들에 관한 많은 이슈들도 다뤘다. 본고의 저자들은 두 가지 이슈를 다루고자 한다. 우선 스마트그리드 연구 및 활용을 장려해 줄 법제를 신중하게 개발할 필요성, 그리고 다음으로는 법제 및 정책의 결과 분석과 위험이론 간의 관계를 정립하는 문제를 다룰 것이다. 스마트그리드 연구개발에 관련된 미국 법제를 개괄하는 것으로 본고를 시작하고자 한다. 주 정부들과 연방 정부의 계획 프로젝트들은 이미 스마트그리드 관련 활동에 박차를 가하고 있다. 그러나 현존기술들의 보다 광범위한 융합과 혁신을 위한 보다 많은 노력의 발생 여부는 정책과 인센티브의 보다 강건한 유기적 연계에 달려 있다. 실로, 스마트그리드의 잠재적 이익이 큼에도 불구하고,[4] 미국의 소비자들은 그러한 기술들을 받아들이는 데에 기민하지 못했으며, 종종 저항하기까지 한다.[5] 본고의 후반부에서 자세히 논의하겠지만, 전세계 에너지 영역의 관련 사례들은 위험인지가 정책계획의 성패를 결정한다는 결론을 보이고 있다.[6] 이는 위험이론을 반영한 법제설계가 필요함을 드러내고 있는 것이다.

I. 미국의 스마트그리드: 떠오르는 신흥법제

스마트그리드는 미국 전력공급 체계상 전력 생산, 송전, 배전 체계를 보다 실수요에 상응하면서도 환경친화적이며 더 효율적인 형태로 통합하여 시스템과

An Energy Revolution in Our Daily Lives 2030: Ensuring Korea's Smart Korea Future (2012), http://www.smartgrid.or.kr/Ebook_201211/EBook_english.pdf.

3) China's Strong and Smart Grid initiative, for example, is a comprehensive effort to modernize the nation's electricity sector. Haifeng Deng, Presentation, The Legislative Framework and Existing Problems of Smart Grid in China, Smart Grid Int'l Conf., School of Law, Seoul National University, Nov. 26, 2013.

4) Smart Grid benefits are discussed in Joel B. Eisen, *Smart Regulation and Federalism For the Smart Grid*, 37 Harv. Envtl. L. Rev. 1 (2013) (hereinafter Eisen, Smart Regulation and Federalism For the Smart Grid).

5) *See infra* Part II.

6) *See, e.g.*, Emily Hammond, *Nuclear Power, Risk, and Retroactivity*, – Vand. J. Transnat'l L. – (forthcoming 2015), available at http://ssrn.com/author=649887.

소비자 모두에게 이익이 되는 시스템을 구축하는 것을 지향한다.[7] 스마트그리드의 정의와 목적에 관하여는 숱한 이견이 현존하긴 하지만,[8] 미국에서 스마트그리드의 근간은 스마트계량기와 에너지 공급업자와 실시간 소통할 수 있을 디지털 기술을 구현한 장비들이다.[9]

미국에서 생산되는 전력의 대부분은 여전히 일방통행으로 전달되며, 대다수의 전력 소비자들은 전력공급 체계와 소통할 기회를 갖지 못한다. 그러나 스마트그리드 변형을 기능으로 삼는 중요한 기술적 구성요소(technical building block)들이 이미 개발되었거나 보다 널리 보급되고 있다. 주요 구성요소에는 스마트 계량기, 원격검침인프라(AMI: Advanced Metering Infrastructure),[10] 감독제어 및 데이터 수집(SCADA: Supervisory Control and Data Acquisition)[11]이 포함된다. 미국 내 스마트 계량기 설치대수는 2010년에서 2012년 사이에 3배 폭증하였는데 이는 스마트 계량기를 설치하고자 하는 경우에 연방 정부가 비용의 일부를 제공하는 것을 내용으로 담았던[12] 2009년의 미국 경제력 회복 및 재투자에 관

---

7) Joel B. Eisen, *Presentation, Smart Grid Law and Policy in the United States*, Smart Grid Int'l Conf., School of Law, Seoul National University, Nov. 26, 2013. *See generally* Eisen, supra note 4.

8) 2007년 '에너지 독립 및 안보에 관한 법률'은 미국의 에너지 정책 관련 일반법들 가운데 하나인데, 전력망 현대화 계획 및 스마트그리드 목표 10대 강령을 그 내용으로 하고 있다. 42 U.S.C. § 17381.

9) Joel B. Eisen, An Open Access Distribution Tariff: Removing Barriers To Innovation On the Smart Grid, 61 UCLA L. Rev. 1712, 1714 (2014) (contemplating "multimodal grid featuring supply, demand, and network management taking place at multiple nodes on the network").

10) 스마트계량기로부터 전력회사로 이어지는 다양한 형태의 네트워크를 예시로 들 수 있다. Lou Frenzel, *Backhaul To the Utility*, Elec. Design, June 10, 2010(http://electronicdesign. com/energy/backhaul-utility).

11) *Utilities plan to spend more on transmission, SCADA, OMS*, Elec. Light & Pwr., May 9, 2013, http://www.elp.com/articles/2013/05/utilities-plan-to-spend-more-on-transmission--scada--oms.html.

12) Stephen Lacey, *The US Smart Meter Market Is Far From Saturated*, greentechgrid, Mar. 6, 2013, http://www.greentechmedia.com/articles/read/smart-meter-penetration. 역사상 중차대했던 스마트계량기 설치 사업으로는 캘리포니아 주에 있는 전력회사 업체인 퍼시픽 가스&전기(Pacific Gas and Electric) 사(社)가 시행한 800만 개 설치작업과 매릴랜드 주에 있는 볼티모어 가스&전기(Baltimore Gas and Electric) 사의 1,300만 개 설치작업, 그리고 볼티모어 사의 소비자를 위한 "온라인 스마트 에너지 매니저" 포털 구비작업을 들 수 있다.

한 법률(ARRA: American Recovery and Reinvestment Act)[13])의 영향이 컸다. 현재 약 3분의 1의 미국 소비자들이 스마트 계량기를 지니고 있으나, 보급률은 주마다 달라서 격차가 크다.[14])

세계 각지에서 수많은 시험사업/예비계획들이 스마트 계량기, 고도로 발전된 소프트웨어, 분산된 에너지 자원들, 그리고 주택 시스템을 통합하는 작업을 실험하거나 표방하고 있는 실정이다. 진행 중인 프로젝트들 중 눈에 띄는 것들로는 텍사스 오스틴(Austin, Texas)의 피컨 스트리트 프로젝트(Pecan Street Project)와 대한민국의 제주도 프로젝트, 그리고 미국의 마우이 섬(U.S. Hawaiian island of Maui)의 마우이 스마트그리드 프로젝트를 꼽을 수 있다.[15])

1. 미국 스마트그리드 법제와 그 필요성

스마트그리드로의 전환을 완수하려면, "(주 정부와 연방 정부 가운데서) 어느 단계의 정부가 규제를 가할 것인가의 문제와 이들 정부들 간의 협업(혹은 협업의 부재) 문제에 관한 많은 결정들"이 아직 정해지지 못했기에 새로운 법제 또한 필요할 것이다.[16]) 그러나 몇몇 핵심 법무당국들(legal authorities)은 이미 어느 정도 준비가 되어 있다. "부드러운" 정책원리에서부터 일반적인 장려 대책과 지시명

---

13) Pub. L. No. 111-5, 123 Stat. 115 (2009).

14) Fed. Energy Reg. Comm'n, 2014 Assessment of Demand Response and Advanced Metering, Staff Report 31 (Dec. 2014).
다른 예상되는 스마트그리드의 특성으로는 주거지역 기반 네트워크(HAN)가 스마트계량기 및 통제가능한 전기장치들의 연결에 보다 널리 이용될 것이라는 점이다. See Cal. Pub. Util. Comm'n, Decision Adopting Rules to Protect the Privacy and Security of the Electricity Usage Data of Pacific Gas and Electric Company, Southern California Edison Company, and San Diego Gas and Electric Company, D. 11-07-056 (Jul. 29, 2011) (discussing HANs and req uiring their adoption by California utilities); Jim Witkin, Real-Time Data To Reduce Electr ic Use, N.Y. Times, Apr. 11, 2012, http://www.nytimes.com/2012/04/11/business/energy -environment/home-energy-monitors-keep-track-of-energy-use.html.

15) *See* Pecan Street Project, http://www.pecanstreet.org/; Moon, supra note 1 (discussing the Jeju project); Douglas A. Codiga, Presentation, Using Regulatory Law and Policy to Advance the Smart Grid in Hawaii and the Asia Pacific Region, Smart Grid Int'l Conf., School of Law, Seoul National University, Nov. 26, 2013 (discussing the Maui project).

16) Aspen Inst., Advancing Smart Electricity Networks 13 (2013).

령에 이르기까지, 일련의 법제 관련 결정들은 주 정부 단계와 연방 정부 단계 양쪽 모두에서 찾아볼 수 있다. 본고는 이 장에서 미국의 이들 법무당국들에 관한 간략한 개괄을 하는 한편, 추가 법제 정비의 필요성을 예상하고자 한다.

(1) 주 정부의 스마트그리드 법령, 정책, 관련활동들

미국이 자국의 스마트그리드 산업을 장려함에 있어 부딪히는 한 가지 난점은 바로 미국의 에너지규제계획에 확고히 자리잡고 있는 연방주의다. 주(State) 공익사업위원회(PUCs)와 연방기관이 전력공급 체계에 대하여 서로 다른 부분을 관할하여 책임진다. 주 정부는 전력소매를 통제하며, 분배사업체들이 지방세납세자들로부터 스마트그리드 프로젝트 추진비를 회수하는 것뿐만 아니라 그들의 스마트그리드 제안서를 승인할지 여부에 관하여 책임을 진다. 대부분의 주에서, 공익사업위원회가 각종 승인 결정 여부를 판단할 때 활용하는 기준은 경제학 영역 등지에서 주로 쓰이는 "서비스비용" 규제다. 비용회수절차상 위원회는 전기세를 통해 사업체가 비용을 충당하고 합리적인 수익을 거두기 위해 반드시 회수해야 할 비용액수를 결정한다. 스마트그리드 프로젝트가 향후 발생시킬 비용과 편익을 분석하는 건 종종 어려운 일이고, 후반부(Part II)에서 재론되겠지만 위원회는 종종 단기적으로는 소비자들이 누리는 게 없을 것이라는 인식을 고려하여 사업체들의 스마트그리드 사업 제안을 거부해오기도 했다.

여러 주에서 스마트그리드 연구개발을 법령, 규칙, 위원회명령(PUC orders) 등을 조합하여 장려해왔다. 스마트그리드의 촉진에 가장 앞장선 2개 주들(캘리포니아 주, 뉴욕 주)이 수행해낸 사업들이 눈여겨볼 만하다. 캘리포니아 주는 전력공급 체계 대전환에 있어 미국을 이끌어가는 주임을 자임한다. 캘리포니아 주법 "SB 17"은 전력공급 체계 현대화 및 스마트그리드 연구개발을 위한 주 차원에서의 정책을 수립할 법적 근거를 세웠다. 본법의 지시사항에 따라 캘리포니아 주 공익사업위원회(PUC)는 스마트그리드 규제 안건에 관하여 빠르게 실무를 처리해나갈 수 있었다. 이 모든 진행과정은 2008년에 "캘리포니아 주 내 투자자소유 전력회사의 스마트그리드 연구개발을 위한 정책"을 수립하기 위한 입법과정의 개시로 시작되었다.[17] 법령에 따라 이어진 위원회 결정들도 캘리포니아 주 내 전력회사들이 스마트 계량기를 구비하고서 스마트그리드 설비계획을 짜며 소비자들을 위해 주거지구네트워크(HAN: Home Area Network) 역량을 투입하고 소비자들과 정당한 권한 있는 제3자들이 스마트 계량기의 데이터에 접근할 수 있도록 접속기회를 제공하는 한편으로 2024년까지 1325MW규모에 달하는 캘리포니아 주 전력공급 체계용 전력저장고를 제공하도록 강제해 왔다. 2011년에 캘리포니아 위원회는 스마트 계량기에 담긴 스마트그리드 관련 사생활 정보 및 소비자 관련 데이터의 보안에 관하여 미국 최초의 기준을 제시한 중요결정을 내린 바 있다.[18]

캘리포니아 주 스마트그리드 시행은 몇 가지 양상에 있어 매우 성공적이었다. 예를 들면, 캘리포니아 주의 3대 투자자소유 전력회사(IOU: Investor-Owned Utility) 모두 이미 스마트 계량기의 설치를 끝냈다.[19] 그러나 후반부에서 설명할 바와 같이, 몇몇 소비자들은 스마트 계량기 설치를 기피했다. 스마트그리드 적용은 다른 측면으로 보아서는 아직까지는 기초적인 단계에 머물러 있다. 이를테면 주거지구에 대한 연결망은 여전히 미진하다. 캘리포니아 주 공익사업위원회는 당초에는 주 내 주요 전력회사들이 최소한 5,000개 주거지구네트워크용 장치 설비 규모의 스마트기기 설비계획을 제출토록 할 예정이었으나[20] 2012년 결정을 통해서는 200,000개 규모를 상정토록 하고 있다.[21] 주거지구네트워크 관련 계획 등을 요구조건으로 설정하는 것의 명징한 목표는 바로 "소비자들이 전력회사의 의중과 상관없이 그들이 선택한 주거지구네트워크 장치를 이용하고 에너지소비행태를 스스로 관찰하도록 허용하는 제3의 시장"을 조성하는 것이었다.[22] 2014년에도 여전히 10,000개 미만의 주거지역네트워크가 조성되어 있으

17) Cal. Pub. Util. Comm'n, Rulemaking to Consider Smart Grid Technologies Pursuant to Federal Legislation and on the Commission's own Motion to Actively Guide Policy in California's Development of a Smart Grid, R. 08-12-009 (Dec. 8, 2008).

18) Cal. Pub. Util. Comm'n, D. 11-07-056, supra note 14.

19) Cal. Pub. Util. Comm'n, Smart Grid 2014 Annual Report, at 12-13.

20) Cal. Pub Util. Comm'n, D. 11-07-056, supra note 14.

21) Cal. Pub. Util. Comm'n, Resolution E-4527, Pacific Gas and Electric (PG&E), Southern California Edison (SCE), and San Diego Gas & Electric Company (SDG&E)(Sept. 27, 2012).

며, 제3자가 개발한 에너지관리 소프트웨어나 애플리케이션을 취급하는 시장도 비교적 발전하지 못하였다.23)

　　뉴욕 주에서는 뉴욕 주 공익사업위원회가 2015년 "에너지 비전 혁신(REV: Reforming the Energy Vision)"이라는 야심찬 행정명령을 통하여 전력산업과 지방세 징수의 패러다임을 기술과 시장을 활용한 소비자 중심 접근법으로 재조정하고자 했다.24) REV명령의 주요특징은 "광역분산시스템플랫폼제공자(DSPP: Distributed System Platform Provider)"라 불리는, 분배 단계에서 작동하는 시스템 오퍼레이터를 정립하는 것이다. DSPP는 전통적인 파워 플랜트 방식으로 생산된 전력과 광역분산 처리된 에너지 자원들의 일군으로 확장된 전력(에너지 효율, 수요응답, 저장, 분산발전 등에 따른 증산 분량 포함) 모두에 대한 고객의 수요를 충족시키는 방향으로 에너지 자원을 전달하는 것을 목적으로 한다. 위원회 명령의 초기 시행단계에서는 종래부터 존재하고 있던 분산 전력회사들이 DSPP와 같은 역할을 수행한다. 이에 따라 추가 수요에 대한 응답탄력성 제고, 재생에너지 통합, 전기자동차 활용 증가 등 스마트그리드의 수많은 목표들을 보다 쉽게 달성할 수 있게 될 것으로 기대된다.25) REV가 실제 현실에 보다 잘 자리잡기까지 아직은 많은 현안이 산적해 있는 실정이다.

　　주 공익사업위원회들은 또한 전력회사 측의 전력 소매가격 책정계획에 대한 승인 여부를 결정할 권한을 갖고 있다. 스마트그리드를 통한 이익을 극대화하려면 스마트 기기와 실시간 가격지표,26) 전력소비에 따른 가격책정을 실시간으로 해낼 산정구조의 일종인 "역동적 가격산정(dynamic pricing)" 역량을 갖춰야 한다. 현재, 대부분의 미국 소비자들이 한계생산비용에 합치하지 않는 고정

---

22) *Id.*

23) Cal. Pub. Util. Comm'n, Smart Grid 2014 Annual Report, *supra* note 18, at 13, Table 3.(3대 IOU들이 2014년에 6000건 미만의 HAN 구동 요청을 받았음을 보여준다.)

24) N.Y. Pub. Svc. Comm'n, Order Adopting Regulatory Policy Framework and Implementation Plan, Case 14-M-0101 — Proceeding on Motion of the Commission in Regard to Reforming the Energy Vision, Feb. 26, 2015, at 2.

25) Jackson Morris, *REV-ing it up in New York: A Look Under the Hood of the Reforming the Energy Vision Track I Order*, NRDC Switchboard, Mar. 9, 2015, http://switchboard.nrdc.org /blogs/jmorris/rev-ing_it_up_in_new_york_a_lo.html

26) Eisen, *supra* note 4, at 18-20.

가격을 지불하며 전력을 사용하고 있다. 반면에 역동적 가격산정 방식은 수요─공급과 더욱 합치할 수 있도록 변동 가능한 가격대를 설정한다. 몇 가지 예측에 따르면, 역동적 가격산정 방식은 개별소비자들이 수십억 달러에 달하는 비용을 절감할 수 있게 해준다. 북미, 유럽, 호주 등지에서 1997년에서 2011년까지의 기간 동안에 걸쳐 진행된 24개 전력회사 시험운용 프로그램에 따른 설문조사 결과, 스마트그리드를 추구하는 프로그램의 진행을 통해 비용절감과 수요감소 양쪽 모두를 이뤄낼 수 있었음이 밝혀졌다.[27] 최근에는 몇몇 주들이 프로그램 개시를 승인하거나 기존 프로그램의 갱신 및 연장을 허용했는데,[28] 다른 주들은 이를 거절해 왔다.[29] 예를 들면 2014년에 콜롬비아 특별구 공익사업위원회는 펩코(Pepco) 전력회사에 대한 동적 가격산정 방식 적용계획의 시행을 거부하였다.[30] 따라서 "학자들과 컨설턴트들은 역동적 가격산정 방식을 지지하지만, 이의 실효성 여부에 대한 전력회사와 주 규제당국의 의심이 여전히 남아 있다는 사실"을 확인할 수 있다.[31]

[2] 연방 정부 단계에서의 스마트그리드 관련 활동들

연방 정부 단계에서는 법령 입법을 통해 전력공급 체계 현대화를 국정과제로 삼아 왔다. '2007년 에너지 독립 및 안보에 관한 법률(EISA: Energy Independence and Security Act of 2007)'을 통해 미국 스마트그리드 체계의 10대 목표를 설정하였으며, 국립지표·기술연구원(NIST: National Institute of Standards and Technology)과 연방에너지규제위원회(FERC: Federal Energy Regulatory Commission)로 하여금 스마트그리드를 관장하며 민간 영역과 협업하여 스마트그리드 기술표준(technical standards)을 연구개발하는 양대 기관으로 기능하도록

---

27) Ahmad Faruqui, Ryan Hledik, and Jennifer Palmer, Time-Varying and Dynamic Rate Design (2012).

28) Fed. Energy Reg. Comm'n, 2014 Assessment of Demand Response and Advanced Metering, *supra* note 14, at 22-27.

29) *Id.*

30) District of Columbia PSC, Formal Case Nos. 1086 and 1109, Order No. 17375, ¶¶ 74, and 75, Feb. 6, 2014.

31) Faraqui *et al.*, *supra* note 27, at 2.

하였다.[32] 이미 언급한 2009년 미국 경제력 회복 및 재투자에 관한 법률(ARRA)
에 따라 스마트 계량기를 포함한 기술, 체계, 등의 연구개발에 직접 34억 달러
에 달하는 "스마트그리드 투자보조금(Smart Grid Investment Grants)"의 투입이 허
용된 바 있다. 스마트그리드 실험 프로그램(Smart Grid Demonstration Program)은
ARRA의 지원을 받아서 스마트그리드 기술들을 시험적으로 운용해보도록 구성
되었으며, 에너지 비축 문제와 지역별 스마트그리드 실험 프로젝트들의 운용 관
련 문제들의 해결에 초점을 맞췄다.

본질적으로 연방 기관들과 민간부문 양측 모두를 수반한, 시장에 근간을 둔
구조라는 특수한 설계를 가진 법적 구조는, 스마트그리드에 관한 상호작용을 규
율하는 "상호운용성 표준(interoperability standards)" 원칙을 정립하였다.[33] 상호
운용성 표준은 소비자들이 그들의 에너지 소비를 보다 잘 이해하고 관리할 수
있도록 해줄 애플리케이션을 개발하는 데 도움을 준다(평면적으로 현상을 살피지
않고 고객의 입장에서 바라보는 목소리와 연구결과도 쌍방향적으로 반영할 수 있기 때문
이다). "상호운용성"은 "2개 이상의 네트워크, 시스템, 장치, 애플리케이션들 간
에 보안이 견고하면서도 효과적으로 사용자의 편의성도 확보하면서 구성요소를
교환하거나 정보를 즉시 활용할 수 있는 역량"으로 정의된다.[34]

상호운용성과 결부된 표준들과 프로토콜들이 스마트그리드 관련 투자의 효
율성과 이윤창출 기대가능성을 증진시켜 준다. 일련의 표준과 프로토콜 없이는
기업들은 소비자가 그들의 신흥기술을 적용할 것인지 알 수 없다. 또한, 용이성
을 증진시키는 표준 없이는 소비자들이 전력을 보다 효율적으로 사용할 수 있도
록 만들어진 애플리케이션의 효용을 누리기 어려울 것이다. 한 정부보고서가 이
미 잘 적시한 바 있듯이, "다수의 분산된 전력생산 및 저장시설설비들을 (스마트
그리드 체제 내로) 수용하는 작업은 간헐적 단속(斷續, intermittency) 사태나 접속

---

32) *See generally* Eisen, *supra* note 4.

33) 지표의 이러한 점이 미국과 중국의 접근법에서의 차이를 보여준다. 중국에서는 세계에서 가장
규모가 큰 국영전력회사 업체인 중국 국립전력망회사(the State Grid Corporation of China)
가 강력전력망(strong grid) 및 스마트그리드 기준지표 설정을 위한 구조 짜기와 로드맵 그리기
에 대한 책임을 맡은 바 있다. Deng, *supra* note 3.

34) Nat'l Inst. of Stds. and Tech., Framework and Roadmap for Smart Grid Interoperability
Standards, Release 3.0 (Draft, May 2014), at 28.

불가능 사태를 예측하면서도 비용 문제, 신뢰성 문제, 환경오염 문제 등에 이르기까지 전부 균형을 잡는 것이 필요하다. 이토록 다양한 성질들을 포태한 요소들을 수용하는 데에는, 컴퓨터 산업에서 말하는 '플러그만 꽂아서 바로 쓰기(plug–and play)'의 환경과 유사한 정도의 고도의 상호 연결이 필요하다."[35] 그러므로 상호운용성 표준에 입각한 접근 없이는 결코 스마트그리드의 잠재력을 완전히 이끌어낼 수 없을 것이다.[36]

미국에서는 전통적으로 각종 기술표준의 개발 방침을 민간 부문인 "표준개발기구(SDOs: Standards Development Organizations)"에 위임해 왔다. 미국 의회는 스마트그리드 기술상 예상되는 표준의 복잡성, 개발시한의 촉박함, 서로 다른 산업영역들 간 협업해야 하는 요건 등에 대응하기 위해서는 연방 기관이 관여하여 창의적인 해결책을 도출해야 한다고 보았다. 전술한 2007년 에너지 독립 및 안보에 관한 법률(EISA)은 2개의 연방 기관 FERC와 NIST에게 그 임무를 맡겼다. NIST는 "스마트그리드 장치와 시스템의 상호운용성을 달성하기 위하여 정보관리를 위한 프로토콜과 모델 표준을 포함한 법적 구조 개발 과정 전반의 조정에 대한 1차적 책임을 진다."[37] NIST는 유연하면서도 균일하며 기술중립적인 표준을 만드는 동시에 전통적인 자원과 분산된 자원, 재생에너지, 저장소, 효율성, 수요응답 탄력성이 효율적이고도 신뢰할 만한 그리드 체제를 구축하는 데 기여할 수 있도록 노력한다. FERC는 일단 NIST 측이 개발한 표준이 "충분한 여론과 합의"를 얻어냈다고 간주한 연후에는 주간(州間, interstate) 전력공급 체계에도 개발된 표준을 적용시킬 수 있도록 입법절차를 개시해야 한다.

EISA의 지시에 따라 표준개발 임무를 수행하기 위해, NIST는 독자적인 조직체를 구성하였다. 바로 "스마트그리드 상호운용성 패널(SGIP: Smart Grid Interoperability Panel)"이다.[38] SGIP는 전력회사들, 표준개발기구들(SDOs), 스마

---

35) U.S. Dept. of Energy, Smart Grid System Report (2009), at 18.

36) *See generally* Nat'l Inst. of Stds. and Tech., Framework and Roadmap for Smart Grid Interoperability Standards, Release 3.0, *supra* note 34; *see also* U.S. Dept. of Energy, The Smart Grid: An Introduction (2008), at 11.

37) 42 U.S.C. § 17385(a).

38) Smart Grid Interoperability Panel, www.sgip.org/. In March 2013, the SGIP became a

트그리드 기술개발 관련 회사들, 주 공익사업위원회들(PUCs) 등을 포함한 수천의 구성원들을 보유하고 있다. SGIP작업반(working group)은 직접 표준을 개발하거나 작성하지는 않지만, 개별 표준개발기구들이 만들어낸 성과들을 조율하는 역할을 수행한다. SGIP의 성과와 진척 정도는 NIST 프레임워크(Framework) 개요, 스마트그리드 상호운용성 로드맵(Roadmap for Smart Grid Interoperability Standards)들의 출간을 통해 문서화되어 있으며, 이외에도 SGIP는 "표준일람표(Catalog of Standards)"를 간행해 왔다.39)

새로운 스마트그리드 표준의 사용 사례들 가운데 눈에 띄는 것은 바로 "녹색 단추 이니셔티브(Green Button Initiative)"의 시행 성과다. 이 계획안은 소비자들에게 "그들의 에너지 사용에 관한 데이터에 대한 표준화되고 정례적인, 알기 쉬운 접근"을 제공하는 것을 목표로 한다.40) 2013년 미국 전력 소비자 총수의 4분의 1에 육박하는 자들을 관장하는 전력회사들과 여타 회사들이 소비자들이 즉각적으로 그들의 에너지 사용 관련 정보를 기준서식으로 작성된 형태로 다운로드 받을 수 있고, 주법이 허용하고 그들이 원하는 경우 제3자와 공유할 수 있도록 해주는 녹색 단추 표준을 받아들였다. 2014년에는 캘리포니아 주 공익사업위원회가 녹색 단추 포맷에 기반하여 완전한 소비자 사용 내역 데이터에 제3자도 접속할 수 있도록 한 캘리포니아 주 3대 전력회사들이 소정의 요금을 받는 것을 허용했다.41) 소비자들이 데이터를 공유하는 회사들은 에너지 효율 증진 방안을 데이터와 분석기술을 활용하여 제안하는 원격 에너지 관리통제 애플리케이션을 포함한 각종 애플리케이션들을 개발한 바 있다.42) 아이젠(Eisen) 교수가

---

private sector, industry-led organization, with continued support provided by NIST.

39) *See* Nat'l Inst. of Stds. and Tech., Framework and Roadmap for Smart Grid Interoperability Standards, Release 3.0, supra note 34; Smart Grid Interoperability Panel, Catalog of Standards, http://sgip.org/Catalog-of-Standards. A similar effort in Korea led to the issuance of the "Korea Smart Grid Interoperability Standards Framework and Roadmap 1.0" in 2012.

40) Green Button, http://www.greenbuttondata.org/

41) Cal. Pub. Util. Comm'n, Smart Grid 2014 Annual Report, *supra* note 19, at 7.
통관세 제도는 제3자가 등록되고 인증받아 고객관련정보를 얻는 과정과 고객이 제3자에게 그와 같은 정보를 얻을 권한을 부여하는 과정을 명확히 해준다. 권한을 부여받은 제3자는 그리하여 전력회사 서버에서 고객의 사용내역 데이터를 자동화 프로세스를 통해 다운받을 수 있게 된다.

특기했듯이, 이러한 유형의 사용법은 "인터넷이 처음 활용되었을 때의 그 중요성에 비견할 만큼 혁명적이다. 왜냐하면 이러한 사용법들이 데이터의 보다 적극적인 활용이 이끌어 낼 엄청난 잠재력을 시사하고 있기 때문이다."[43]

연방의 스마트그리드 규제적 개입과 관련된 또 다른 사례는 전력 수요가 가장 많은 특정 시간대의 전력소비를 줄일 목적으로 수립된 여러 프로그램들로 구성되는 "수요 반응(demand response)"이다. 수요에 대해 보다 효과적으로 반응하면 그 자체로 전력의 추가생산에 갈음할 수 있을 뿐더러 많은 다른 추가 이익을 누릴 수 있다. 군소 전력 소비자들은 군소 전력 소비자들의 잉여전력들을 수합하여 전력소비 감소분만큼을 지역별 도매시장에 판매하는 수요 반응 프로그램 공급자들에게 협조해야 한다. FERC는 이러한 일련의 활동들을 제745호 명령(Order 745)에 따라 장려하고자 시도했는데, 이 명령은 에너지 도매시장에서 수요에 대응한 결과물인 소비 감소분이 시세로 처분되어 에너지 현물의 거래에 갈음할 수 있도록 규정한 바 있다.[44] 그러나 2014년에는 미국 연방 항소법원이 FERC 제745호 명령은 전력 수요 대응 결과물에 대한 주(州)들의 고유한 관할권을 침해하므로 효력을 상실해야 한다고 판결하였다.[45] 현재 결과적으로는 미국 전력 시장에서 수요 반응이 차지하는 비중이 격감하고 말았다.[46] 이 판결은 미국 전력회사 규제에 있어서 미국의 연방주의가 여전히 중요함을 선명하게 보여준다.

---

42) *See, e.g.*, Matt Nauman, *Green Button Picks Up Momentum as Developers Seek Killer App*, Currents (PG&E), July 19, 2013, http://www.pgecurrents.com/2013/07/19/green-button-picks-up-momentum-as-developers-seek-killer-app/(describing several of the first eight companies selected to work with the utility PG&E).

43) Eisen, *supra* note 4, at 44.

44) Fed. Energy Reg. Comm., Demand Response Compensation in Organized Wholesale Energy Markets, 134 FERC ¶ 61,187 (2011).

45) Elec. Pwr. Supply Ass'n v. FERC, 753 F.3d 216 (D.C. Cir. 2014), *pet'n for cert. filed* (U.S. Jan. 15, 2015) (No. 14-840).

46) *See, e.g.*, FirstEnergy Service Co. v. PJM Interconnection, L.L.C., Docket No. EL14-55-000 (filed May 23, 2014) (utility petition filed to invalidate the results of a regional capacity auction that included demand response resources).

II. 위험이론과 스마트그리드

스마트그리드가 가져다 주는 수많은 혜택에도 불구하고, 미국 소비자들은 스마트그리드를 포용하는 데에 소극적이었으며, 몇 가지 사례에서는 심지어 저항하거나 의도적으로 지연시키거나 중지시켜 버리기까지 해왔다. 이토록 느린 수용현황을 보다 잘 이해하기 위해, 위험이론을 동원하여 향후 스마트그리드가 더 많이 배치되는 것을 촉진하려면 현장에서 무엇을 공급해야 할지에 관한 통찰을 후술하고자 한다.47)

1. 위험이론에 관한 기초적인 이해

우선, 위험이론의 핵심개념으로는 위험평가(risk assessment), 위험인지(risk perception), 위험관리(risk management)를 들 수 있다. 위험평가는 특정 위험이 해악을 야기할 가능성을 수학적 방법론이나 공학적 방법론을 동원하여 수량화(quantifying)하는 것이다. 위험평가는 많은 공공정책결정의 핵심요소이기도 하다. 예를 들면, 사이버 보안 전문가들은 전력망의 보안상 약점이 드러날 가능성이나 야기될 해악의 종류 등을 가늠하고자 위험평가를 한다. 이 문제의식들은 과학적이고도 기술적인 평가방법들로 구조화되어 정책결정권자들이 다양한 종류의 해악들의 발생가능성 및 치명도 등을 의미하는 '위험'에 관한 정보를 얻을 수 있도록 해준다.48)

다양한 이유들로 인하여 사람들은 종종 공학적으로 평가되는 위험의 실제 해악을 과소 혹은 과대평가하여 인지하곤 한다. 현재까지의 연구결과에 따르면, 이를테면 도박을 하는 상황 속에서 사람들은 도박에서 이길 확률은 과대평가하

---

47) 위험 이론에 대한 자세한 내용은, Hammond, *supra* note 6; Emily Hammond & David B. Spence, *The Regulatory Contract in the Marketplace*, — Vand. L. Rev. — (forthcoming 2016), available at http://ssrn.com/author=649887 참조.

48) *See* Stanley Kaplan & B. John Garrick, *On the Quantitative Definition of Risk*, 1 Risk Analysis 11, 11-27 (1981) (setting forth quantitative definition of risk); Elisabeth Pate-Cornell, *Risk Uncertainty and Analysis in Government Safety Decisions*, 22 Risk Analysis 633, 635-36 (2002) (providing examples of probabilistic risk analysis).

는 반면에 질 확률은 과소평가하는 경향이 있다.49) 또한 사람들은 위험이 긴급하거나 즉각적인 경우에는 시공간적으로 멀리 있는 동일한 해악 정도의 위험에 비해 과대평가하는 경향이 있다. 방사능 오염이나 화학적 오염 같은 "가공할 위험", 즉, 재앙적이고 낯선 위험이 실제로는 보다 자주 일어나는 흡연이나 자전거 사고로 인한 사망보다 더 크게 여겨지곤 하는 것이다.50) 여타 위험인지 메커니즘은 사회질서, 미래세대에 대한 책임, 사회에서의 정부의 역할에 관한 개인의 생각과 떨어질 수 없을 정도로 긴밀한 연관관계를 맺고 있다. 위험이론이 맹아에 불과하던 시절부터, 학자들은 다양한 유형의 개인들이 다양한 위험들에 대해 서로 다른 방식으로 대처할 것이라 보아왔다.51) 게다가, 개인들이 위험을 어떻게 인지하는지는 그 위험을 관리함에 있어 올바른 대응 정책이 무엇인지에 관해 자신이 생각하는 바에 영향을 크게 받는다.52)

　　위험인지가 비효율적일 정도의 규제로 이어질 수도 있으나, 이는 스마트그리드의 미래를 좌우하는 결정들에 지대한 영향을 미치는 요소이므로 결코 무시할 수 없다. 특정 위험을 다룰 것인지 여부 및 이를 어떻게 다룰 것인지에 관해 결정하는 것이 바로 위험관리와 연관된다.53) 위험관리 메커니즘은 해악의 발생 가능성이나 해악의 크기(혹은 둘 다)를 줄이는 것을 목적으로 설계된다. 위험은 상존하므로, 위험을 완전히 제거할 수는 없다. 또한 위험평가를 통해 발생확률을 산출해낼 수는 있지만, 그것이 불확실성을 완전히 축소할 수 있는 것은 아니

---

49) *See, e.g.*, Amos Tversky & Daniel Kahneman, *Judgment Under Uncertainty: Heuristics and Biases*, 185 Sci. 1124 (1974); Daniel Kahneman & Amos Tversky, *Prospect Theory: An Analysis of Decision Under Risk*, 47 Econometrica 263 (1979).

50) Paul Slovic, Perception of Risk, 236 Science 280, 281 (1987).

51) Mary Douglas & Aaron Wildavsky, Risk and Culture: An Essay on the Selection of Technical and Environmental Dangers (1982) (presenting early work on cultural theory).

52) Dan M. Kahan, Hank Jenkins-Smith, & Donald Braman, Cultural Cognition of Scientific Consensus, 9 J. Risk Research 1 (2010).

53) 그 배경으로, Hank Jenkins-Smith & Howard Kunreuther, *Mitigation and Benefits Measures as Policy Tools for Siting Potentially Hazardous Facilities: Determinants of Effectiveness and Appropriateness*, 21 Risk Analysis 2 (2001) (providing additional examples); Paul Kleindorfer & Howard Kunreuther, *The Complimentary Roles of Mitigation and Insurance in Managing Catastrophic Risks*, 19 Risk Analysis 727 (1999) (discussing cushions and insurance) 참조.

다. 그래서 위험관리 정책은 정책결정, 우선가치선택, 그리고 보다 적합한 관리 (governance) 수단에 관한 광범위한 의견을 반영하여 탄생한다.54)

2. 스마트그리드와 위험인지

스마트 계량기 도입에 반대하는 진영의 주요 논리는 다음과 같다.55)

① 사용자 건강에 미치는 영향

전자기파가 건강에 미치는 악영향의 과학적 증거는 없음에도 불구하고(전자 기파[EMF]는 비단 스마트 계량기뿐 아니라 다른 많은 전자기기들도 방출한다), 몇몇 소비자 단체들은 전자기파에의 노출과 불안증세, 신경증, 면역약화, 심장질환 간의 인과관계가 있다고 주장하고 있다.56) 우리는 스마트 계량기로 인한 건강염려들을 다루는 위험인지 관련 연구들을 접한 바는 아직 없지만, 전자기파에 관한 위험담론(risk literature)을 살펴봄으로써 심리측정적 요인들이 위험인지에 중요함을 파악할 수 있다.57) 예를 들면, 휴대전화를 자주 이용하는 사람들은 휴대전화가 심대한 건강악화요인으로 기능할 수 있으리라고 생각하지 않게 된다.58) 문화인지이론(CCT: Cognitive Cultural Theory)도 전자기파에 대한 위험인지를 잘 설명해줄 수 있다. 정책당국에 대한 신뢰가 높은 사람들일수록 전동력과 결부된 위험인지를 덜하는 경향이 있다.59)

건강염려가 스마트 계량기에 대한 반대론에 힘을 실어주고 있다. 2010년 캘리포니아 주 마린 카운티(Marin County)에서는 소비자들이 계량기 설치를 막

---

54) *See* Cass R. Sunstein, *Precautions Against What? The Availability Heuristic and Cross-Cultural Risk Perception*, 57 Ala. L. Rev. 75 (2005) (emphasizing trade-offs)

55) 반(反)스마트 계량기 웹사이트인 stopsmartmeters.org에서는 인지된 위험들에 대한 짤막한 묘사를 제공한다.

56) *See, e.g.*, Kate Nagle, *Worcester Smart Grid Roll Out Causing Controversy*, May 22, 2013, http://www.golocalworcester.com/news/worcester-smart-grid-roll-out-causing-controversy/

57) Slovic *supra* note 50.

58) Michael Seigrist *et al.*, *Perception of Mobile Phone and Base Station Risks*, 25 Risk Analysis 1253 (Oct. 2005).

59) Seigrist, *supra* note 58.

기 위해 도로를 봉쇄했다.60) 결국 캘리포니아 주 공익사업위원회가 2014년 말에 조처를 취할 때까지 마린 카운티와 인접 행정구역들에서의 스마트 계량기 설치가 일제히 답보상태에 빠질 수밖에 없었다.61) 소비자들은 심지어 설치 이후에도 스마트 체제에서 탈퇴하기 위해 기꺼이 계량기 제거비용으로 75달러를 지불하고, 이에 더해서 아날로그 계량기 유지비용으로 매월 10달러를 지불하는 것까지 불사하고 있다.62)

② 화재 위험

사람들이 스마트 계량기야말로 주거지 화재의 원인이라 지적했던 다양한 사건들이 있었다.63) 스마트 계량기 제작자들과 주 정부 산하 공익사업위원회들이 함께 이러한 주장들에 대해 반박해왔다.64) 그러나 화재에 대한 염려들이 횡행하는 통에 스마트 계량기 설치계획은 호된 대가를 치러야 했다. 예컨대, 캐나다의 서스커처원(Saskatchewan) 주 정부는 화재 우려 때문에 약 천만 달러에 상응하는 비용이 소요되는, 약 105,000여 개의 스마트 계량기들 제거 명령을 내린 바 있다.65)

③ 프라이버시

각종 연구들에 따르면, 대부분의 소비자들이 스마트그리드가 무엇인지 모르고 있음에도 불구하고, 이에 그나마 친숙한 사람들의 경우에는 프라이버시를

---

60) Debra Kahn, Calif. County Criminalizes Smart-Meter Installations, N.Y. Times, Jan. 5, 2011, http://www.nytimes.com/gwire/2011/01/05/05greenwire-calif-county-criminalizes-smart-meter-installa-66649.html.

61) Morgan Lee, California Limits Fees on Smart Meter Opt-Out, Dec. 18, 2014, http://www.utsandiego.com/news/2014/dec/18/limits-smart-meter-fees/

62) Id.

63) See EMF Safety Network, Smart Meter Fires and Explosions, http://emfsafetynetwork.org/smart-meters/smart-meter-fires-and-explosions/(last visited Apr. 16, 2015).

64) See Sensus Corporation Statement, July 30, 2014, http://www.cbc.ca/news/canada/saskatchewan/saskpower-to-remove-105-000-smart-meters-following-fires-1.2723046; PG&E Energy Division Inquiry, Mar. 29, 2013, at http://emfsafetynetwork.org/wp-content/uploads/2010/03/Data-Response-PGE-smart-meter-fires.pdf (reporting findings that no smart meters had caused fires).

65) Saskpower to remove 105,000 smart meters following fires, CBC News, July 30, 2014, http://www.cbc.ca/news/canada/saskatchewan/saskpower-to-remove-105-000-smart-meters-following-fires-1.2723046.

침해당할 우려를 느낄 가능성이 높은 것으로 나타났다.66) 프라이버시 침해에 대한 우려는 획일적이지 않다. 이는 개인적 안전이나 재산이 위험에 처할 물리적 침해, 사적 행위가 실시간으로 혹은 관행적으로 공개되는 것, 광고나 원하지 않는 타겟팅을 위해 정보를 파는 것 등에 대한 다양한 염려들이다.67) 더 나아가, 프라이버시에 대한 염려는 동일한 형태로 공유되지도 않는다. 홍콩에서 이뤄진 스마트그리드 위험인지 관련 연구에 따르면 서구 국가들에 비해 프라이버시 관련 염려가 현격히 덜한 것으로 나타났다.68)

소비자들의 사적 정보와 관련한 신뢰도는 어느 주체가 정보를 쥐고 있는지에 따라 달라진다는 점도 특기할 만하다. 예를 들면, 한 연구결과에 따르면 소비자들은 지방자치단체, 주 정부, 연방 정부에 비해 전력회사 측이 사생활 정보를 관리하는 편을 보다 신뢰하는 것으로 나타났다.69) 이 연구는 지역별 전력회사가 어떻게 사생활 정보를 활용하는지에 대한 소비자들의 몰이해가 이와 같은 현격한 신뢰도 격차를 야기한 것으로 보인다고 분석한다.70) 또한 우리는 이러한 신뢰도 격차가 대다수 미국인들의 개인주의 지향성에서 비롯한다는 가설을 세울 수도 있다. 그럼에도, 정보가 어떻게 수집되고 사용되는지에 관한 투명한 정책이 위험인지도의 증진에 도움이 될 것이라는 조짐들이 많다. 이를테면 절반 이상(58%)의 소비자들이 그들과 관련된 데이터가 연구 등 목적으로 활용될지도 모른다고 우려하였는데, 일련의 데이터가 익명화될 것이라 전제한 연후에는 우려하는 사람들의 비율이 32%로 감소한 바 있다.71)

---

66) Ponemon Inst., *Perceptions About Privacy on the Smart Grid* 3 (Nov. 2010), http://www.ok-safe.com/files/documents/1/Perceptions_About_Privacy_on_the_Smart_Grid.pdf. *See generally* Cheryl Dancey Balough, *Privacy Implications of Smart Meters*, 86 Chi.-Kent L. Rev. 161 (2011) (discussing privacy issues).

67) *See id.* at 9 (providing greater detail).

68) Daphne Ngar-yin Mah *et al.*, *Consumer Perceptions of Smart Grid Development*, 49 Energy Pol'y 204, 211 (2012) (providing caveat that respondents may hold different views were they to have better awareness of the potential concerns).

69) Ponemon Inst., *supra* note 66.

70) *Id.* at 10.

71) *Id.* at 11.

④ 비용 증가

오작동한 스마트 계량기로 인하여 소비자로 하여금 실제 전력 사용량에 비해 과도한 전기료를 지불케 한 사고가 몇 건 있었다. 예를 들어, 캘리포니아 주 배이커스필드에서는 과열로 인하여 오작동한 스마트 계량기들 때문에 약 1,600명의 소비자들이 과도한 전기료를 지불해야 했다.[72] 관련 기간사업자가 약 8백만 개의 스마트 계량기들을 설치해 왔음에도 불구하고, 이 하나의 오작동 사고로 인하여 반(反) 스마트 계량기 정서가 확산되었고, 캘리포니아 주의 스마트 계량기 사용 승인이 부적절했다는 주장도 일어났다.[73]

⑤ 보안상 위험/테러리즘

2001년 9월 11일에 벌어진 미국 본토에 대한 테러 행위는 미국의 입법자들, 과학자들, 기술자들, 그리고 대중이 사이버보안상 위험에도 보다 가중된 주의를 기울이게 된 계기가 되었다. 위험평가적 관점에서 보면, 일반적으로 미국의 전력망은 사이버 공격에 취약하다고 평가되어 왔다.[74] 더 나아가서, 관리의 어려움과 신기술의 등장으로 인하여 효과적인 위험 관리도 어렵다.[75] 고도의 보안과 테러 위험에 대한 인지가 스마트 계량기의 도입을 반대하는 논거로 활용되기도 한 바, 이는 스마트 계량기 설치에 반대하는 다양한 단체들의 성명서와 로비 자료에서 확인된다.[76]

⑥ 일반적인 비용/편익 분석결과에 대한 염려

이미 위에서 강조한 인지된 위험들에 더해서, 전력회사들은 주 정부 산하 공익사업위원회로부터 스마트그리드 실행을 위한 비용보전(cost recovery)을 지원받는 데 어려움을 겪고 있다. 비용보전은 통상적으로(여러 사항들 중에서도 특히) 소비자후생을 가시적으로 보여줄 필요가 있으며, 전력회사들이 이를 보여줄

---

72) William Pentland, *Not-So-Smart Meters Overbilling Californians*, Forbes, May 3, 2011.

73) *Id.*

74) Nat'l Academies of Sciences, Terrorism and the Electric Power Grid System (2012).

75) GAO, Critical Infrastructure Protection: Cybersecurity Guidance is Available, But More Can Be Done to Promote Its Use (2011).

76) *See, e.g.,* Richard H. Conrad, Nine Reasons Why Today's Smart Meters Are a Mistake, Apr. 18, 2014 (providing letter for others to send to utilities).

책임을 부담한다. 예를 들어, 2010년 매릴랜드 주에서는 주 정부 산하 공익사업 위원회가 전력회사 측의 비용보전과 스마트그리드 기술 및 방법들과 관련한 새로운 가격산정 구조에 대한 요구를 거절했는데, 소비자후생은 적은 반면 전력회사 측의 이익이 과도하게 많다는 것이 그 이유였다.[77] 공익사업위원회는 또한 전력회사들이 당초 제시한 원안대로 사업을 시행해서 과연 이들이 장담하는 수준의 소비자 행동변화 및 공급자 행동변화를 이끌어낼 수 있을지에 대해서도 회의적이었다.[78] 결국, 전력회사에서 수정안을 제출한 후에야 스마트그리드 설치 계획에 대한 주 공익사업위원회의 지원을 받을 수 있었다. 여전히 많은 스마트 계량기 반대 조직들이 전술한 염려들을 인용하며 소비자들로 하여금 스마트 계량기 제거에 동참하도록 권유하고 있다.[79] 그리고 이와 유사한 현상은 전미에 걸쳐 일어나고 있다.[80]

3. 위험에 대한 통찰을 활용한 스마트그리드 관련 지원 보강

전술한 위험인지들이 횡행하는 현실 속에서, 정책결정권자들− 이 경우 스마트그리드 개발을 지지하는−이 자주 취하는 반응은 소비자들이 그저 "배우면 된다"는 것이다. 이유는 다음과 같다. 만약 소비자들이 스마트그리드 관련 사항들을 익힌다면, 스마트 계량기가 방출하는 전자기파 때문에 건강이 악화될 가능성은 현저히 낮음을 알게 될 것이고, 스마트 계량기의 가치를 제대로 파악할 수 있을 정도로 "합리적"인 소비자로 거듭날 것이다. 위험담론은 이러한 교육이 오히려 사람들의 기존 통념을 더욱 강화해줄 뿐이라고 주장한다. 이는 심지어 반대

---

77) Md. Pub. Serv. Comm'n, In the Matter of the Application of Baltimore Gas and Electric Co. for Authorization to Deploy a Smart Grid Initiative and to Establish a Surcharge for the Recovery of Cost, Case No. 9208, Order No. 83410 (2010).

78) *Id.*

79) Maryland Smart Meter Awareness, About MSMA, 2015, http://marylandsmartmeterawareness. org/about-msma-group/ (citing health, national security, privacy, and safety concerns).

80) *See* Mark Wiranowski, Note, *Competitive Smart Grid Pilots: A Means to Overcome Incentive and Informational Problems*, 10 J. Telecomm. & High Tech. L. 361, 384 (2012) (providing further examples).

편 시각의 과학적 근거까지 제시받은 경우에도 마찬가지이다.[81] 이러한 메커니 즘과 스마트그리드 반대 진영에서 작동하고 있는 많은 위험인지 요인들을 고려 할 때, 입법자들, 정책입안자들, 전력회사 운영주체들은 스마트그리드 계획에 관 해서 법제 설계와 이해관계 조율 양쪽 모두에 깊은 주의를 기울여야 할 것이다.

(1) 법제 설계

정책입안자들이 사람들의 행태에 후견적으로 개입하여 영향을 끼치고자 할 때, 그들은(적어도 미국에서는) 개인주의 지향성과 자유주의에 입각한 거센 반대 에 직면하게 된다. 몇몇 학자들은 "자유주의적 후견주의"야말로 사람들 저마다 의 선택 역량을 보전하면서도 결국에는 사람들을 특정 방향으로 은근히 이끄는 데 성공할 방책이라 제안한다.[82] 스마트그리드 영역에의 고전적인 적용 방법은 전력회사들이 스마트 계량기 체제로부터 탈퇴할 권리를 기술한 조항을 반대론 자들에게 제공하면서 스마트 계량기 설치 작업을 진행토록 하는 것이다. 일단은 스마트 계량기가 설치될 예정임이 원칙임에 유의해야 한다. 이는 사전에 가입에 동의한 자들만을 대상으로 진행하는 설치 작업이 아니다. 설치를 배제할 권리를 부여하는 방식의 영향을 구체화하기 위하여, 소비자들이 "여하한 형태의 공론장 에서의 사전 논의나 선택지 제공도 없이 우리 집이 침략당하고 있다"고 반대하 는 상황을 가정해보자.[83] 한 보고서가 적시하듯이 "선택지가 존재한다는 사실 그 자체가 소비자들의 수용성을 높여 준다."[84] 주목할 만한 사실은, 스마트 계 량기 설치를 거부할 수 있는 선택지를 제공한 주들에서는 1% 미만의 소비자들 만이 종래 방식의 계량기의 설치를 요구했다는 점이다.[85] 이는 스마트 계량기에

---

81) Dan M. Kahan *et al.*, *Cultural Cognition of Scientific Consensus*, 2010 J. Risk. Research 1 (demonstrating, using cultural cognition theory, that risk perceptions are unlikely to change when people are confronted with facts contrary to their cultural worldviews).

82) *See* Cass R. Sunstein & Richard Thaler, Libertarian Paternalism, in Laws of Fear 175 (2005).

83) David J. Hess & Jonathan Coley, *Wireless Smart Meters and Public Acceptance: The Environment, Limited Choices, and Precautionary Politics*, 23 Pub. Understanding of Sci., Aug. 2014, at 690.

84) *Id.*

85) Cal. Pub. Util. Comm'n, Smart Grid 2014 Annual Report, supra note 19, at 13 Table 2:

대한 소비자들의 건강 위험에 관련한 염려들을 해소하기 위하여 적절하게 구조를 설계하는 노력이 충분히 성공을 거둘 수 있음을 시사한다.

자유주의적 후견주의와 결부될 수 있을 성질의 것임에도 아직까지 그렇게 활용되지 못한 동적 가격결정 방식(dynamic pricing)을 비교해보자. 2014년에는 단지 약 1% 정도의 주거지역 소비자들이 동적 가격결정 방식으로 전기료를 책정하길 택했다.[86] DOE 스마트그리드 투자지원 프로그램이 10개 전력회사들의 동적 가격결정 방식을 조사한 2013년의 연구는 소비자의 스마트그리드 수용성 증진을 가로막는 주요 장애물 가운데 하나로 동적 가격결정 방식이 선택가능한 하나인지(opt-in) 아니면 전기료 책정의 원칙적 방식이나 배제할 수 있는 것인지(opt-out)(즉, 주 정부 산하 공익사업위원회가 기본 전기료 책정 방식으로 동적 가격결정 방식을 택한다는 것) 불확실하다는 점을 든다.[87] DOE가 지원한 시범 프로젝트들은 전기료 책정의 원칙적 방식으로 두고 이를 배제할 수 있는 방식일 때 성공률이 더 높았다.[88] 그러나 공익사업위원회들은 이를 탐탁하게 여기지 않는다.[89] 2010년 메릴랜드 주 공익사업위원회가 전력회사의 스마트그리드 관련 요청을 거절했던 이유 중 하나도 당해 전력회사가 전기료를 책정할 때 소비자들로 하여금 사용한 시간의 길이에 상응하는 비용을 지불토록 하여 즉각적으로 지불 방식을 변경하게 했기 때문이다. 일반적으로, 동적 가격결정 방식은 "주거지역 소비자들과 군소 규모 소비자들의 전기 소비를 전력소매공급자들이 충당하는 방식의 패러다임의 전환"이므로[90] 공익사업위원회가 소비자들로 하여금 이를

less than 80,000 opt-outs of three IOUs out of 11.8 million smart meters installed (7/10 of one percent).

86) Fed. Energy Reg. Comm'n, 2014 Assessment of Demand Response and Advanced Metering, supra note 14, at 31; Matthew L. Wald, *Power Savings of Smart Meters Prove Slow to Materialize*, N.Y. Times, Dec. 5, 2014.

87) Annika Todd, Peter Cappers, and Charles Goldman, Lawrence Berkeley Nat'l Lab., Residential Customer Enrollment in Time-based Rate and Enabling Technology Programs (June 2013). See also Paul L. Joskow & Catherine D. Wolfram, Dynamic Pricing of Electricity (2012), at 7-9 http://faculty.haas.berkeley.edu/wolfram/Papers/AEA%20DYNAMIC%20PRICING.pdf (discussing this and other barriers to dynamic pricing).

88) Fed. Energy Reg. Comm'n, 2014 Assessment of Demand Response and Advanced Metering, *supra* note 14, at 31.

89) *Id.*

활용하도록 하기 위해서는 각 방법에 대한 더 많은 실험과 시도가 필요할 것으로 보인다.[91]

　법제설계 관련하여 중요한 또 다른 측면은 개인정보 및 프라이버시와 관련된 명백한 규정들이다. 미국에서 많은 주들이 스마트 계량기를 설치한 소비자들의 정보 프라이버시 이슈와 결부된 노력을 선도적으로 기울여 왔다.[92] 예를 들어, 2011년에 캘리포니아 주 공익사업위원회는 스마트그리드 프라이버시와 보안을 지켜내기 위한 미국 최초의 법규들을 적용하는 결정을 내렸다.[93] 이 결정으로 소비자의 데이터 접속 및 통제권한, 수집 데이터 최소화 의무, 데이터 활용 및 공개의 제한, 데이터의 품질 및 일관성 요건 등이 발생하였다. 이 새로운 법규는 기반시설들과 이들의 계약상대방들에게 적용되며("위원회 명령 혹은 결의안에 따라 에너지 효율성 증진 방안을 모색하거나 에너지 효율성 실태를 평가하는 작업을 수행하기 위해 위원회와 계약을 맺어 데이터를 활용하는 제3자"처럼), "주요 목적"을 위해 활용된 일정한 사용내역 정보는 소비자의 동의 없이 공개될 수 있게 하였다. 이는 전력회사보다는 소비자들이 제3자에게 자신의 정보에 접근하도록 하는 것을 용이하게 한다. 그러나 캘리포니아 주 공익사업위원회는 소비자가 제3자에게 직접 정보를 줄 때 야기될 수 있는 보안상 위험이나 프라이버시 문제까지는 다루지 않았다.

　여타 주들 또한 데이터 접근 및 프라이버시 문제를 다루어 왔고, 다양한 결과들로 귀착한 바 있다. 예를 들어, 에너지관리회사 등 제3자와 전력회사가 사용내역 데이터를 공유하는 것을 허용하는 서로 정반대의 두 접근방식을 살펴보자. 펜실바니아 주는 전력회사 측이 "소비자가 편리하게 사생활 정보의 공개를 막을 수 있는 방법을 제공하지 않았거나 제공하였다 할지라도 소비자가 정보공

---

90) Annika Todd, Peter Cappers, and Charles Goldman, Lawrence Berkeley Nat'l Lab., Summary of Utility Studies (June 2013), at xvi.

91) *Id.* at 52.

92) Kevin Jones *et al.*, Vermont Law School, Smart Grid Privacy Policy (2012); State and Local Energy Efficiency Action Network, A Regulator's Privacy Guide to Third-Party Data Access for Energy Efficiency (2012), at vii.

93) Cal. Pub. Util. Comm'n, D. 11-07-056, *supra* note 14.

개의 의도를 고지받지 못한 경우에는 공개를 금한다."94) 반면에 오클라호마 주는 제3자가 데이터에 관한 비밀엄수의무를 준수할 것을 문언으로 적시하여 검증 받은 경우에는 소비자의 동의 없이도 전력회사 측이 정보를 공개할 수 있다.95)

　　이러한 법제설계 관련 선택들이 시사해주듯이, 개인정보 프라이버시에 관한 소비자들의 염려를 잘 해소해주는 것이야 말로 스마트그리드 성공의 핵심요소들 가운데 하나이며, 이는 결코 과소평가되어선 안 될 문제이다.96) 스마트그리드 체계의 성공은 소비자들에게 많은 훌륭한 애플리케이션을 공급할 수 있도록 데이터가 충분히 활용될 수는 있게 하면서도 스마트 계량기 데이터의 프라이버시가 지켜질 수 있도록 해줄 시스템을 갖추는 데에 달려 있다. 소비자 설문조사들에 따르면, 응답자 대대수가 사기나 오용 등으로부터 보호된다는 전제하에서 전력망의 발전을 이끈다면 스마트 계량기 데이터가 활용되어도 좋다고 답변한 바 있다. 더 나아가 소비자들의 염려는, 프라이버시를 유지하기 위한 적절한 시스템은 누가 스마트 계량기 데이터에 접근할 권한을 얻을 것인가의 문제에 임하여 소비자 스스로 결정할 권한을 부여하여야 함을 보여준다.97) 이러한 설계 문제를 소비자들과 다루는 것은(에너지 관리 전문 회사들에 의해 제공되는 서비스와 같은) 스마트 계량기로부터의 정보를 활용하고자 하는 모든 프로그램에 있어서 핵심적인 고려사항이 되어야 할 것이다.

(2) 이해관계자 참여

　　정책입안자들이 스마트그리드 계획에 대한 대중의 보다 강한 지지를 얻어내기 위해서는 어떻게 대중과 연계해야 하는가? 첫째, 연계한다는 단순한 사실 그 자체가 중요하다. 전술한 바와 같은 위험인지는 종종 의사결정과정에서 개인들이

---

94) 52 Pa. Code § 54.8.

95) Okla. Stat. tit. 17, § 710.3.

96) UCLA comment

97) Christina Nunez, *Who's Watching? Privacy Concerns Persist as Smart Meters Roll Out*, Nat'l Geographic, Dec. 14, 2012, http://news.nationalgeographic.com/news/energy/2012/12/121212-smart-meter-privacy/

소외된 채 여론 형성에 별다른 기여를 하지 못한 채로 스마트그리드 계획이 도입될 지도 모른다는 대중의 우려와 결부되어 있다. 한 보고서가 이를 종합하여 정리한 바에 따르면 스마트 계량기는 "대중의 수용성 문제를 제대로 살피지 못한 채" 도입되었고, 스마트 계량기 관련 논의에 있어서는 "건강에 끼치는 영향과 관련된 문제가 공공정책을 둘러싼 논쟁의 주요 결전 지역이었다."[98] 둘째, 정보가 어떻게 유통되는지가 무엇이 유통되는지만큼이나 중요함을 간과해선 아니 된다. "정체성 확립, 다양한 지지, 담론 설정 등이 개인들로 하여금 정보에 관하여 보다 개방적인 관점을 취하도록 이끌 잠재력을 갖춘 변수들이다."[99]

역사적으로 미국의 전력회사들은 딱히 소비자들과 왕성하게 연계할 필요성을 느끼지 못해왔다. 이들은 소비자들과 소통하는 대신 주 정부 산하의 공익사업위원회들과 일하며 그들의 사업계획을 정당화하거나 시행할 수 있는 요금 구조를 개발하였다.[100] 그리하여 전력회사들은 고객 서비스와 관련해서는 경험이 적을 수밖에 없었고, 그 결과 스마트그리드 체제로의 전격적인 이양을 성공적으로 완수하기 위해서는 소비자들과의 연계가 중요함을 깨닫는 게 다소 지체될 수밖에 없었다.[101] 한 최근의 보고서에 따르면 "스마트그리드 적용에 있어 소비자와의 연계가 여전히 가장 심각한 장애 및 지체사유로 인식되고 있다."[102] 66%를 초과하는 수의 전력회사들이 2012년 설문조사에서 소비자와들과의 연계 및 소통에 성공하지 못함으로 인하여 스마트그리드의 잠재력이 손상될 수 있다고 응답한 바 있다.[103]

반면에, 소비자들과의 소통에 성공하려면 어떤 자세와 방법을 취해야 하는지를 보여주는 몇몇 성공 사례들도 있다. 예를 들면, 강한 개인주의 경향과 환경보호담론에의 무관심 성향을 보이는 오클라호마 주에서는 전력회사들이 소비자

98) Hess & Coley, *supra* note 84, at 688.
99) Hammond, *supra* note 6 (citing Kahan *et al.*, *supra* note ---, at 23-24).
100) Hammond & Spence, *supra* note 48 (describing traditional regulatory contract).
101) U.S. Dept. of Energy, Electricity Advisory Committee, Consumer Acceptance Of Smart Grid (June 2013), http://energy.gov/sites/prod/files/2013/06/f1/Weedall.pdf.
102) IndEco, Smart Grid consumer engagement: lessons from North American utilities (Jan. 2013), at 6.
103) *Id.* at 1.

들로 하여금 스마트그리드 시험 프로그램에 참여하도록 독려하는 성공적인 소통 전략을 수립한 바 있다. 광고에 담론 구성과 정체성 확립 등의 컨텐츠를 담아서 "당신의 전력(全力: 電力)으로 무슨 일을 하고 싶으십니까?"라는 태그를 통해 개인별 선호도에 호소한 것이다.104) 이 광고문구는 또한 환경보호 등을 운위하기보다는 비용절감의 가치를 강조하고, 소비자들이 스마트그리드를 통해 재정적 곤란에 부딪힐 위험에 대한 완충장치를 제공했다. 다층적인 지지 성향, 다원적인 선택 근거들도 중요하다. 사람들은 그들 자신의 관점을 포함하여 다양한 관점들이 공공 영역에서의 토론과정에서 성실하게 숙고된다고 느낄 필요가 있다. 이 목적을 이루기 위해서는 행정작용 과정에 대해 유념하는 것이 중요하다.105)

(3) 게임화(Game 化)

"게임화"가 최근 매우 전망이 밝은 영역으로 떠오르고 있다. 게임화는 게임의 메커니즘을 활용하여 전력 소비자들의 주의를 사로잡는 것을 의미한다. 한 연구는 게임화를 "게임에 종종 활용되는 시뮬레이션에 따른 발견 방식, 설계 패턴, 역동성을 원용하여 사용자의 경험을 풍성하게 하고 사용자의 주의를 사로잡는 것"이라 정의한 바 있다.106) 실무상 게임화는 포인트 제도, 레벨과 배지 제도 등 게임 업계에서 널리 쓰이는 방식들을 "내재적 보상 체계의 근간으로 채택하는 것"을 의미한다.107) 스마트그리드 업계에서는 전력회사들과 에너지 서비스 제공 업체들이 점점 더 많은 유사 게임 인터페이스를 도입하여 소비자들이 전력회사 및 동료 소비자 이웃들과 협업하고 심지어는 에너지 효율 등의 지표를 놓고 서로 경쟁하는 것을 용이하게 하고 있다. 게임화의 주요 목적은 에너지 절약을 보다 즐겁게 만들어서 더 많은 소비자들이 참여하게 하는 것이다.

---

104) *See* Emily Hammond, Presentation, Risk and the Smart Grid, Smart Grid Int'l Conf., School of Law, Seoul National University, Nov. 26, 2013 (reprinting utility brochure).

105) Hammond, *supra* note 6 (describing importance of procedural protections).

106) Benjamin Gnauk, Lars Dannecker, Martin Hahmann, *Leveraging Gamification in Demand Dispatch Systems*, Dresden University (May 7, 2014), https://wwwdb.inf.tu-dresden.de/misc/team/dannecker/files/endm2012.pdf .

107) *Id.*

게임화는 항공사나 여타 업계 회사들이 제공하는 보상체계와는 사뭇 다르게 "게임" 속에서 우수한 소비자들만이 보상받는다.108) 한 그룹의 구성원들 사이에서 가장 많은 분량의 에너지 효율성 증진을 달성하기 위한 경쟁이 하나의 예이다. 오파워(Opower) 사(社)는 전미에 걸친 약 20개의 전력회사들과 협업 중인데, 약 2천만 명에 달하는 소비자들을 대변하고 있는 거대기업이다.109) 이 회사의 핵심 업무는 바로 소비자들이 그들의 에너지 소비 행태를 스스로 통제하도록 확실한 목표가 설정된 이벤트를 안내하는 메시지를 소비자들에게 발송하는 것이다.110) 일련의 메시지들은 개별 소비자들의 전력 소비량 감소 분량을 당해 전력회사를 경유하는 여타 익명의 소비자들이 감소시킨 분량과 견줘서 보여준다. 오파워 사는 이러한 메시지 발송을 통해 전체 전력소비량을 2% 감소시킨 것으로 추산한다.111) 이 회사의 "사회연결망 애플리케이션112)"은 페이스북뿐 아니라 공익환경 관련 조직인 자연자원방어협의회(Natural Resources Defence Council)와의 파트너십을 통해 개발된 애플리케이션인데, 익명의 소비자들과의 비교뿐 아니라 그룹을 형성하고 에너지 절감량을 친구들과 비교하는 기능도 지원한다.113)

스마트그리드 영역에서 게임화는 여전히 비교적 새로운 기법이다. 초기단계 연구결과들은 게임화가 전력회사 및 스마트그리드 전력망의 발전에 기여할 흥미로운 가능성을 내포하고 있으며 소비자들과의 연계에 긍정적인 효과를 가져다 줄 것이라 전망한다. 2015년에 전미 전력회사들에 의해 시도된 53가지의 게임화 노력들에 관하여 나온 연구결과에 따르면 게임 참가자들은 에너지 소비를 약 3~6% 줄일 수 있는 것으로 집계되었다.114) 그러나 게임화 전략이 에너지

---

108) Frederick Grossberg et al., Gamified Energy Efficiency Programs, Am. Coun. for an Energy-Efficient Economy (Feb. 2015), at v.

109) Opower, Digital Engagement, http://opower.com/solutions/digital-engagement.

110) Carly Llewellyn, Opower, *Gamification and Energy Consumption*, Aug. 30, 2012, http://blog.opower.com/2012/08/gamification-and-energy-consumption/

111) *Id.*

112) Opower, Save energy with your friends, https://social.opower.com/welcome.

113) Leslie Kaufman, *On Facebook, Some Friendly Energy Rivalry*, N.Y. Times, Apr. 3, 2012.

114) Grossberg *et al.*, *supra* note 109, at 52.

효율에 대한 동기부여와 관심을 유지할 수 있도록 적절히 설계되지 않는다면, 이로 인한 참가자들의 행동 변화는 게임이 끝난 이후까지 지속되지 않을 것이다.115) 게임화는 "종래의 소통 기법만으로는 참여를 이끌어내기 더 어려웠던" 젊은 사람들 등을 포함한 많은 사람들에게 친숙한 기술들을 사용한다.116) 비록 아직까지는 시작 단계에 지나지 않았지만, 향후 몇 년 지나지 않아서 게임화를 위한 노력들은 스마트그리드의 성공에 긍정적인 영향을 끼칠 것이다.

III. 결론

본고가 밝힌 바처럼, 미국은 스마트그리드 전력망의 도입을 위하여 법제설계 및 물리적 설치 양면 모두에 걸쳐 실체적인 노력들을 기울여 왔다. 그러나 소비자들이 스마트그리드로 인하여 발생할 수도 있을 위험들에 대한 목소리를 보다 더 크게 내어옴에 따라 법리/정책과 현실 간의 간극 또한 드러나고 있다. 입법자들과 전력회사들이 스마트그리드의 새로운 도약을 위해 노력함에 있어, 위험이론에 대한 주의 깊은 관심과 이해가 스마트그리드의 많은 잠재력과 가능성의 실현을 보장하는 데 도움이 될 것이다.

---

115) Grossberg et al., supra note 109, at 2 (citing data that utilities would spend $65 million in 2016 on gamification and that the majority of energy retailers would use some form of game).

116) Barbara Vergetis Lundin, Gamification a key component to utility communication, customer engagement, SmartGridNews.com, Jan. 15, 2014, http://www.fiercesmartgrid.com/story/gamification-key-component-utility-communication-customer-engagement/2014-01-15.

PART

02

도서지역의 스마트그리드

CHAPTER 04   하와이 청정에너지 미래의 변환

CHAPTER 05   대한민국과 하와이에서의 스마트그리드 관련법제 및 정책의 진화

하와이 청정에너지 미래의 변환

CHAPTER

04

마크 B. 글릭

에너지 전환은 경제 성장과 다양성을 위한 하와이의 전략이다. 하와이는 세계에서 가장 고립된 지역이기에 에너지에 관해 대담한 행동이 시급하게 요청된다. 미국 서부 해안으로부터 2,500마일이나 떨어진 곳에 위치한 하와이는 2013년에 석유 수입에 45억 달러를 지불하였다. 2012년에 석유는 하와이 전력 생산의 74%를 책임졌고 그 비용은 16억 달러에 이르렀다. 하와이의 평균 전기요금은 미국 내 평균보다 세 배 이상 높은 kWh당 34센트로 미국 내에서 가장 높다. 소비자들은 오랜 기간 동안 너무 많은 요금을 지불해 왔으며, 주택과 기업에 전력을 공급하기 위해 외부 공급원에 의지해 왔다. 이대로 가다가는 하와이의 경제와 안보는 위험에 처할 것이다.

에너지 정책, 계획 및 보급의 중심인 하와이 주 정부 에너지부(Hawaii State Energy Office)는 하와이로 하여금 청정에너지 보급과 혁신에 있어 세계적 리더로 자리매김하고 있다. 이는 야심찬 에너지 정책, 신재생에너지와 에너지 효율에 관한 중요한 성취, 그리고 증가하고 있는 녹색 산업과 테스트베드 투자를 통하여 실현된다. 이러한 하와이의 청정에너지 정책은 미국에서 가장 석유 의존적인 주를 직업 창출, 산업구조 전환, 환경기준 준수, 기술 혁신을 위한 국가적인 모델로 만들기 위한 목표를 가지고 계획되었다.

Ⅰ. 하와이 청정에너지 계획(Hawaii Clean Energy Initiative)

전환의 핵심은 대담한 정책목표와 이해관계자들의 협력으로 구성된 하와이 청정에너지 계획이다. 2008년 하와이 주와 미국 에너지부(U.S. Department of Energy) 사이의 체결된 양해각서 이후, 2009년에 하와이 의회는 2030년까지 주의 전력 40%가 신재생에너지로부터 발전되도록 의무화하는 신재생에너지 의무할당제(Renewable Portfolio Standard)를 채택하였다. 또한 하와이는 같은 해에 2007년 전력 사용량의 약 30%에 해당하는 4,300GWH를 감소시키기 위해 에너지 효율성 의무할당제(Energy Efficiency Portfolio Standard)를 도입하였다. 양해각서 체결 후 6년 동안 하와이는 큰 진보를 이루어 왔다. 하와이의 전력회사들은 2013년 12월 31일을 기준으로 하와이, 마우이, 오아후에 있는 발전소들이 18.2%의 RPS를 달성하였다고 보고하였는데, 이는 2015년 중간 목표치를 2년 일찍 효과적으로 달성하였음을 의미한다.

또한 2013년 하와이 주최의 아시아 태평양 청정에너지 정상회담 및 박람회(Asia Pacific Clean Energy Summit and Expo)에서 닐 애버크롬비(Neil Abercrombie) 주지사는 하와이 주 최초의 에너지 정책 지침을 마련하였으며, 하와이의 신재생에너지 비중이 40%를 넘게 될 것이라고 발표하면서 한 걸음 더 나아갔다. 하와이 주의 청정에너지 목표를 달성하기 위한 정책 지침은 크게 아래와 같은 다섯 개의 요소들로 구성되어 있다.

- 하와이 에너지 포트폴리오의 다양화
- 하와이 섬들을 통합 및 현대화된 전력망으로 연결
- 기술적, 경제적, 환경적, 문화적 고려 사항들의 균형을 도모
- 테스트베드로서의 하와이의 위치를 활용한 에너지 혁신 클러스터의 발족
- 시장원리에 의한 승자 선택

청정에너지는 하와이를 에너지 혁신을 위한 세계 최고의 테스트베드로 탈바꿈하도록 만들었다. 하와이의 고립된 환경은 신기술과 전략들을 시장에 내놓기 전에 발전, 검증, 증명하려는 기업가들을 전 세계로부터 불러들이고 있다. 하와이 주 정부의 자금과 연방정부 및 민간 자금을 유치함으로써 하와이는 주민들을 위한 고임금 일자리와 경제적 기회를 창출하는 한편 청정에너지 솔루션의 개발을 촉진하기 위한 혁신 에코시스템의 기반을 마련하고 있다.

II. 에너지 포트폴리오 다양화(Energy Portfolio Diversification)

하와이의 에너지 정책은 태양열, 풍력, 지열, 바이오메스 및 수력과 같은 하와이 주 고유의 다양하고 풍부한 자연 자원을 최대한 이용하는 것을 장려한다. (각 자원들은 석유에 드는 비용을 회피할 수 있어 보다 나은 경쟁력을 가진다) 신재생에너지의 비중을 40% 이상으로 확보하기 위해서 하와이는 유틸리티 규모와 분산된 솔루션의 활용을 극대화해야 한다. 분산된 발전의 성공은 2012년에 하와이 전체 건설비용의 28.5%를 차지한 태양광(PV) 설비를 통해 잘 알 수 있다. 태양광의 급속한 성장에 힘입어 하와이는 2013년도 미국에서 일인당 태양광 설비 수에서 1위, 총 발전량에서 전체 5위를 차지하였다.

또한 하와이는 지열 발전설비를 가지고 있는 8개 주 중 하나이며, 불규칙하게 생산되는 신재생에너지의 균형을 맞추기 위해 분산가능하며 안정된 자원으로 활용될 수 있는 잠재성을 가진 지열 발전은 하와이의 다양화된 에너지 믹스를 위한 장기적인 기반이다.

Booz Allen Hamilton의 분석에 기초한 <그림 1>은 하와이의 전력 수요의 대부분이 오아후(Oahu)에 있는 한편, 대부분의 신재생에너지 공급원은 주변 섬들에 있음을 보여준다. 기술적 분석에 의하면 오아후는 단지 30%의 신재생에너지만을 스스로 발전할 수 있다.

그림 1 ┃ HAWAII'S DIVERSE RENEWABLE RESOURCES

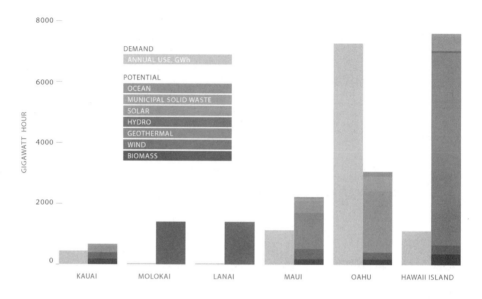

액화 천연 가스(LNG)는 신재생에너지 보급 확대를 위한 과도기적 연료이며 하와이의 에너지 믹스 다양화를 도와준다. 또한 LNG는 하와이의 현재 연료 믹스에 있어서 잔유(residual oil)와 기타 석유 제품에 대한 과도기적 대체재로 간주된다. LNG를 활용하는 목적들은 다음과 같다.

- 전력요금 절감
- 유연하고, 빠른 발전이 가능하고, 연료 효율적이고, 가스 연료를 사용한 전력 발전 설비들을 통해 전력망의 복원력과 신재생에너지 보급력의 향상
- 지상 차량과 해양 운송수단에 대한 깨끗하고 저비용인 대체재

나아가 LNG 수입 능력의 향상은 하와이 에너지 분야를 현대화하고 청정에너지 경제를 진보시키기 위한 주요 동력원으로 작용한다. 적절하게 구조화되고, 계획되고, 실행된다면 LNG는 하와이 주에게 여러 가지 경제적, 환경적, 전략적 혜택과 과도기적인 연료 공급원을 제공할 것이다.

III. 전력망 향상(Grid Enhancements)

하와이의 이른 성공은 여섯 개의 고립된 섬 전력망 네트워크에 대해 예상치 못한 문제를 가져왔다. 오아후 전력망의 25%는 최저 주간부하량(minimum daytime load)이 100%를 초과하고 있다. 하와이 섬의 신재생에너지 비중은 46%인데 주간의 특정 시점에는 최저 주간부하량의 100%를 넘어서기도 한다. 이는 미국 본토의 상호 연결된 전력망이 좀처럼 경험하지 못한 주기적인 잉여 신재생에너지 전력 감소와 시스템 레벨에서 가끔 발생하는 전력망 불안정성으로 이어진다.

인구 밀집지역 간의 전력망 연결은 하와이의 신재생에너지 비중이 40%를 넘기 위해선 필수적인 요소이다. 섬들을 연결하는 송전 케이블 개발에 필요한 규제 및 자금 조달 제도를 마련한 SB 2785 법안의 통과는 2012년의 주된 정책적 성과였다. 하와이 주 정부 에너지부가 주 에너지 프로그램과 기타 미국 에너지부의 지원을 받아 의뢰한 분석 결과에 의하면, 오아후와 마우이의 전력망을 해저 송전 케이블을 이용해 통합하면 신재생에너지의 도입을 확대하고, 전기요금을 낮추고, 전력망의 안정성을 향상시키며, 신재생에너지의 생산량 제한을 줄일 수 있다. 이 분석은 공익사업위원회(Public Utilities Commission)가 2014년 중순에 다음 단계에 대해 내릴 것으로 예상되는 결정에 도움을 주고 있다.

전문가들이 하와이 주 정부 에너지부에 조언한 바에 의하면, 에너지전력망의 현대화는 시스템 전반의 효율성을 향상시키고 주 전체의 전력요금을 내리기 위해서 필요하다. 신재생에너지 도입을 확대하고 청정에너지 보급에 있어서 전례가 없는 과제들에 대한 새로운 해결방안을 고안하기 위해서, 하와이 주는 국가에서 해당 문제에 대해 가장 뛰어난 전문가들을 소집하였다. 주 레벨에서의 목표는 파급효과가 높은 해결방안에 집중하며 새로운 에너지생태계(energy ecosystem)를 위한 솔루션을 구축하기 위한 자금과 기타 자원들을 끌어오는 것이다. 하와이 주 정부 에너지부의 전략은 다음과 같은 세 가지의 주요 행동사항을 포함한다.

- 규제 조치: 공익사업위원회(신뢰성 표준 워킹그룹, the Reliability Standards

Working Group)의 태스크포스(TF)가 추천하는 규칙과 절차의 채택과, 전력 신뢰성 규제 감독 프로그램 및 관리자를 확립하는 법률(Act 166 (2012))의 시행
- 서비스 지향적인 21세기 전력사업의 수립: 스마트그리드, 배터리 및 양수 발전 장치(pumped-storage) 기술을 포함하는 하와이 전력망 기반시설을 업그레이드하기 위한 투자와 그러한 비전을 지원하기 위한 전력사업의 모델
- 상호연결 및 에너지 혁신: 섬간 전력망으로 연결된 송전, 보다 효율적인 전력 발전소 및 잉여 에너지를 감축하고, 전력요금을 삭감하며 신재생에너지 도입을 확대하기 위한 기타 솔루션들

주도적 접근법(ProActive Approach)은 신뢰성 표준에 관한 규제 절차로부터 나온 혁신적인 전략이다. 이 접근법은 하와이 전력망상의 분산된 태양광 발전의 급격한 성장에 동반하는 모델링 및 전력망 통합에 관한 도전 과제들을 전력사업자가 직접 맡기로 약속하는 것을 특징으로 한다. 위 절차는 또한 표준 상호연결에 관한 합의를 도출하는 것, 그리고 표준 상호연결 합의, 조항과 조건사항, 연구 절차가 왜 필요한가에 대해서 공익산업위원회의 명확한 입장과, 이러한 목표들을 달성하기 위한 추진일정을 요구한다.

또한 하와이 주 정부 에너지부는 요금 구조의 재검토와 신속한 분석 그리고 전력산업의 발견사항에 대한 승인과 같이 다른 필요한 규제 조치들을 지원하였다. 이는 신재생에너지 발전의 생산량 제한을 제거하거나 획기적으로 줄이기 위한 조치들이 취해질 수 있다는 점을 알려준다.

전력사업자가 서비스 지향적인 21세기 전력사업을 구축하기 위해 무엇을 할 수 있고 해야 하는가에 관한 한계를 확장함에 있어서, 하와이 주 정부 에너지부는 공익사업위원회, 전력사업자 그리고 기타 에너지 이해관계자들에게 분석, 계획 그리고 기타 지원을 제공하여 부족한 간극을 보충할 수 있다. 원격검침 인프라(advanced metering infrastructure)와 에너지 저장장치와 같은 지능형 기술은 소비자의 선택을 개선하고 수요반응(demand response)을 널리 보급하기 위해서 필수적인 단기 대응책이다.

IV. 혁신적인 자금지원 전략(Innovative Funding Strategies)

에너지 계획과 보급을 위한 지원 시스템의 중요한 부분은 하와이 주의 '배럴 조세(barrel tax)'로부터 나온다. 석유 제품에 대해 배럴당 부과되는 15센트의 요금은 규제 조치, 효율성의 향상, 시스템 및 인프라 분석, 그리고 에너지수급계획에 있어 하와이 주 정부 에너지부의 능력과 리더십을 지원해 왔다. 2014년 하와이 의회는 하와이 청정에너지 계획 조항의 정책 목표와 추진일정에 맞추기 위해 배럴 조세를 통한 자금지원의 만료일(sunset date)을 2030년까지 연장함으로써 이러한 자금지원 방식에 대해 중대한 신임투표를 제공하였다. 배럴 조세를 통한 자금지원은 전체 계획을 집행하기 위한 자원과 신재생에너지와 효율성 제고 프로그램 양자에 대한 투자를 촉진하기 위해 활용된다. 또한 배럴 조세는 개발자, 투자자, 정책입안자에게 청정에너지 프로젝트 허가, 인터액티브 리소스 데이터, GIS 지도 제작에 대한 지원을 제공하는 온라인 도구들의 조합을 제공하는 것에 활용되어 왔다.

2013년에 애버크롬비 주지사가 제시한 또 다른 주요 혁신의 결과로서 더 넓은 기반의 전력사업자 고객들이 신재생에너지 시스템 또는 에너지 효율성 설비를 획득할 수 있도록 요금인하 유동화 채권(rate-reduction securitized bond)과 on-bill financing을 결합하는 SB 1087 법안이 통과되었다. 하와이 상업, 경제발전 및 관광부(Hawaii Department of Business, Economic Development & Tourism)에 의해 착수되고 개발된 녹색에너지 시장 유동화(Green Energy Market Securitization) 프로그램 또는 'GEMS'는 저·중산층 가구, 세입자 및 비영리단체와 같은 하와이의 소외된 시장에서 에너지의 개선을 더욱 저렴하고 접근 가능하도록 만들 것으로 예상된다.

V. 성과 효율 프로그램(Performance Efficiency Programs)

효율성에 있어서, 하와이는 2년 연속으로 일인당 에너지성과계약(energy

performance contract) 금액에서 미국 내 1위를 차지하였다. 2013년 6월 클린턴 글로벌 이니셔티브(Clinton Global Initiative-CGI America)에서 제기된 대담한 공약에 따르면 하와이는 2015년까지 주와 기관에 의한 현존하는 에너지 절약 성과계약에 관한 투자를 두 배 이상으로 증가하겠다는 도전 사항을 내걸었다(이 사항은 하와이가 2년 연속으로 국가에서 1위를 했던 분야이다). 미국 에너지부의 성과계약 촉진 프로그램(Performance Contracting Accelerator Program)의 참여자로서, 하와이는 2016년 말까지 성과계약 프로젝트에 대하여 추가적으로 1천억 달러를 집행할 것을 공약하였다. 그리고 이러한 공약들은 결코 공허하지 않음이 확인되었다.

하와이가 2013년 말에 두 개의 주 기관이 참여한 에너지 절약 성과계약에서 1억 6,740만 달러를 집행했을 때 하와이의 대담한 목표는 거의 달성되었다. 첫 번째 계약은 20년에 걸쳐 2,800만 달러를 절약할 수 있는 33개의 건물을 대상으로 한다. 두 번째 계약은 다음 20년 동안 최소 5억 1,800만 달러를 절약하게 될 주 전역의 12개 공항을 대상으로 하고 있으며, 미국 내에서 하나의 주 기관에 의해 체결된 가장 큰 단일한 성과계약이다.

VI. 스마트그리드 프로젝트(Smart Grid Projects)

비록 지금까지 하와이는 해양 온도차 발전(OTEC), 지열 발전, 태양광 발전의 시범사업과 보급에 있어 선두주자로 알려져 있으나, 마우이 섬에서의 스마트그리드에 대한 최근의 투자는 선도적인 국제적 테스트베드로서의 하와이의 강점을 보다 크게 확장하였다. 초기의 스마트그리드 개발 노력의 일환인 마우이 스마트그리드 프로젝트는 남 키헤이(South Kihei)의 마우이 평원(Maui Meadows) 부근에서 더 깨끗하고 효율적인 에너지 시스템을 실현하기 위한 새로운 스마트그리드 기술을 실증하고 있다. 하와이 자연에너지연구소(Hawaii Natural Energy Institute)와 마우이 전력 회사(MECO)의 그 합작 프로젝트는 미국 에너지부에 의해 자금이 지원되며 프로젝트 참여자들은 아무런 비용을 부담하지 않는다.

마우이 스마트그리드 프로젝트는 전력 수요가 높은 시간대에 주민들이 에너지 소비를 보다 잘 관리하고 감축하는 것을 돕기 위한 새로운 기술들을 평가하고 실험하는 한편, MECO가 더 많은 신재생에너지를 도입하고 전력망을 보다 효율적으로 운영하는 것을 지원할 것이다. 이러한 프로젝트의 목표는 다음과 같다.

- 소비자 정보와 선택의 개선
- 보다 안정적인 전력 공급의 창출
- 지역 신재생에너지 공급의 활용을 증대
- 전력망 효율성의 향상

마우이 스마트그리드 프로젝트는 더 큰 규모의 또 다른 시범사업을 위한 촉진제였을 수도 있다. 하와이 주와 일본 사이의 양해각서하에서, 일본은 잠재적인 스마트그리드 프로젝트를 발굴하기 위해 하와이에 접근하여 키헤이에 있는 마우이 스마트그리드 프로젝트에 주목하였다. 초기의 프로젝트 계획과 논의들은 현재 '점프스마트 마우이(JUMPSmartMaui)'로 발전하였다. 이러한 3천만 달러의 협력시범사업은 마우이 섬의 더욱 깨끗한 미래를 위한 스마트그리드, 신재생에너지, 그리고 순수 전기차 솔루션을 포함하고 있다. 이 프로젝트는 일본의 가장 큰 공공 연구 및 발전 관리기구인 신에너지 산업기술발전기구(NEDO)를 통하여 자금이 지원된다. NEDO는 프로그램을 개발하기 위하여 미즈호 상업은행(Mizuho Coporate Bank), 사이버 국방연구소(Cyber Defense Institute)와 함께 히타치(Hitachi)를 선정하였다. 이와 더불어, 이 프로그램에는 미국 에너지부, 마우이 전력회사, 마우이 카운티 그리고 다른 이해관계자들이 관여하고 있다.

점프스마트 마우이가 이 시범사업을 위하여 마우이 섬을 선택한 이유는 풍력과 태양력과 같은 신재생에너지의 풍부함과 비교적 짧은 운전 거리 때문이다. 이 시범사업은 더 스마트하고 효율적인 전력 시스템을 만드는 데 필요한 통찰력을 획득하기 위해 데이터를 검증, 분석하고 통합할 것이다. 프로젝트를 통해 발견된 솔루션들은 하와이 주 전역뿐만 아니라 세계의 다른 지역들에서 적용될 것이다.

그림 2 | HAWAII'S SMART GRID INNOVATION AND DEMONSTRATIONS IN MAUI

Smart grid,
renewable energy
and EVs

Collaborative
demonstration between
Japan and Hawaii

$30 million funded
by Japan's NEDO

마우이 프로젝트들은 하와이 전역에서 혁신을 주도하고 있다. 카우아이 전력협동조합(Kauai Island Utility Cooperative, KIUC)은 2012년에 시작한 5년간의 1,100만 달러 규모 시범사업에 착수하였다. 5년간의 과정은 회원들의 가정에 새로운 계량기를 설치하고 스마트그리드의 효과를 측정하기 위한 통신 인프라를 설치하는 것에 예상되는 2년과, 데이터 수집과 분석을 위한 3년이 포함될 것이다. 원격검침 인프라(advanced metering infrastructure)를 포함한 마이크로그리드 프로젝트는 현재 오아후의 서부에 있는 칼라에로아(Kalaeloa)와 하와이 섬의 와이메아(Waimea)에서 이루어지는 것이 고려되고 있다. 하와이의 궁극적인 목표는 세계 선두의 테스트베드로서 하와이가 유치하는 투자를 통해 에너지 혁신 클러스터의 개시를 위한 노력을 촉진시키는 것이다.

VII. 하와이 성장에 대한 자금조달(Leveraging HI Growth)

하와이는 현재 하와이 주의 HI 성장 계획(HI Growth Initiative) 경제발전 전략을 통해 에너지 혁신을 위한 노력에 착수하고 있다. 이 계획은 하와이에서 새로운 기술을 창조하고 실험하는 회사들과 후기 단계의 청정에너지 개발을 지원하는 것을 수반한다. 이러한 노력들이 하단에 간략히 소개되어 있다.

- 실리콘 벨리와 다른 지역의 자금제공 협력자들과 팀을 구성하여 회의를 열고, 잠재적 협력자를 만나고, 기술 회사를 방문하며 투자자들을 모집하는 것

- 진보 기술의 검증, 인버터, 전력 전기장치, 에너지 저장장치, 에너지 효율 설비와 같은 신에너지 기술에 필요한 시스템 수행기능을 평가하기 위한 기기 장치와 계량기

- 전략적 동맹의 구축: 잠재적인 지원 회사들과 전략적 협력자를 모색하기 위해 대학, 산업계, 인근 섬들과 동맹관계를 유인하고, 언론, 발표회와 워크샵을 통해 하와이의 성장하는 에너지 혁신 분야의 위상을 제고

그림 3 ┃ SCORECARD - HAWAII'S NATIONAL LEADERSHIP IN CLEAN ENERGY

1ST
- Smart water heaters per capita
- Energy savings performance contracting per capita
- Solar installed per capita (5th for total solar capacity)
- Best potential for PEV (Plug-in EV) sales

2ND
- Renewable energy attractiveness
- Power purchase agreements per capita

3RD
- Clean energy economy job growth

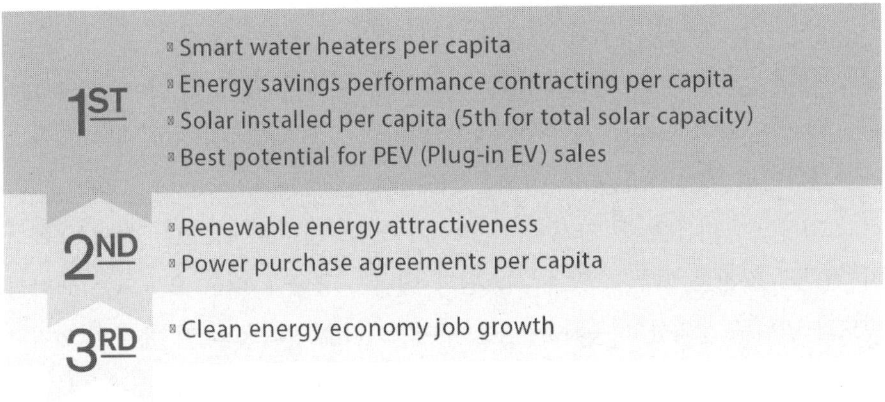

이 활동의 결과로서 하와이는 청정에너지에서 국가적 선두로 등장하게 되었다. <그림 3>에 요약되어 있듯이 그 결과로서, 하와이는 수입된 화석연료에 의존하던 상태로부터 벗어나 청정에너지 테스트베드로서의 국제적 지위를 확대하고 청정에너지 경제 클러스터를 만들기 위한 노력을 효과적으로 하고 있다. HCEI 이해관계자, 국제적 협력자들과 전 세계의 이해당사자들과의 계속된 협력을 통해, 하와이는 청정에너지 기술 발전, 경제성장 그리고 녹색 일자리 확대를 지속적으로 추구할 것으로 보인다.

VIII. 하와이의 청정 에너지 미래에 관한 업데이트

하와이의 에너지 전환은 2015년 Act 97의 통과로 새로운 의미를 가지게 되었다. Act 97은 하와이를 미국 주 중에서 RPS(Renewable energy Portfolio Standard; 신재생에너지 공급의무화제도)를 100% 적용하는 최초이자 유일의 주로 만들었다. 이 법은 과도기 RPS 기준 목표를 2020년에 30%로 증가시키며, 새롭게 2040년에 70%의 목표를 설정하고, 2045년에 100% 목표를 설정한다.[1]

세계에서 가장 고립되어 있으면서 인구 밀도가 높은 하와이의 특징은 에너지와 식량 자급자족에 대한 긴급한 필요를 불러일으켰다. Act 97은 6개의 분리된 섬들에 대한 6개의 독립된 그리드 망(grid networks)에 전기를 공급하여 전체적으로 에너지를 자급자족할 수 있도록 하는 것에 대한 하와이의 의지를 보여준다. 하와이의 에너지 전환은 에너지의 자급자족에 집중되어 있으며, 하와이의 공공정책과 경제 성장, 에너지 안보와 신뢰성, 그리고 환경 준수(environmental compliance), 특히 탄소 발자국(carbon footprint)의 감축문제와 연관되어 있다.

하와이의 에너지 전환(remake)은 HCEI(Hawaii Clean Energy Initiative)로 알려져 있다. 이 이름은 두 가지 다른 의미가 있다. 첫째로, HCEI는 하와이 에너지 전환의 기저를 이루고 있는 시스템과 에너지 공급에 대해 요구되는 변화의 속도와 범위를 정의하고 통치하는 법, 규제, 그리고 규칙들의 전 체계를 의미한다. 또한 HCEI는 이러한 변화를 구체화하고, 사회화하며 이끌어가는 에너지 이해당사자들의 넓은 연합체를 의미한다. 2008년 하와이 주와 미국 환경부(DOE) 간에 체결된 MOU에 의해서 촉발되어, 2009년에 하와이 입법부는 2030년까지 주의 전기의 40%를 신재생에너지를 통해 발전하도록 요구하는 RPS(Renewable Portfolio Standards)를 도입하였다. 하와이는 또한 같은 해에 Energy Efficiency Portfolio Standards를 도입하였는데 이는 2030년까지 전기 사용량을 4,300 GWh 줄이기 위한 것으로, 2007년 수준과 비교하여 대략 30%의 감소를 의미한다.[2] 2015년 하와이 주지사와 미국 에너지부 장관은 MOU 원본의 부록에 서명

---

1) Hawaii Revised Statues, Sections 269-91-95.
2) Hawaii Revised Statues, Section 269-96.

하였는데, 그 내용은 전기 분야에서의 100% 신재생에너지를 위한 하와이의 도전을 위해 상호 원조하겠다는 것이었다.

또 2015년 하와이는 하와이 대학의 순 에너지 사용이 0이 되도록 하는 목표를 세울 것을 요구하는 Act 99와 공공전력위원회(Public Utilities Commission)가 신재생에너지 프로그램에 기반한 커뮤니티를 설립하도록 요청하는 Act 100를 통과시켰다. 후자는 위원회가 개인적인 전력 지방세납부자가 더 큰 커뮤니티 태양열 프로젝트에서 주식을 살 수 있고, 태양열 전기의 판매를 전기 요금을 상쇄하는 데 사용할 수 있는 시스템을 설정하도록 강제한다. 이는 세입자와 공동주택 거주자에게 신재생에너지 프로젝트에 참여할 수 있는 선택지를 제공할 것이다.

2017년 3월 17일, 하와이에서 가장 큰 전력사업체인 하와이전력회사(Hawaiian Electric Company)는 오아후, 몰로카이, 라나이, 마우이 그리고 하와이

표 1 ┃ 2016년 Renewable Portfolio Standard Status Report(단위: 순 메가와트시(時))

재생에너지원을 사용해서 생산된 전기 에너지	2016년				2015년
	Hawaiian Electric	Hawaii Electric Light	Maui Electric	합계	합계
바이오매스(Biomass)	418,735		4,383	423,118	416,716
지열(Geothermal)		260,116		260,116	230,495
태양광(Photovoltaic) & 태양열(Solar Thermal)	53,723	4,071	9,078	66,872	51,212
수력(Hydro)		54,108	968	55,076	73,098
풍력(Wind)	233,531	145,691	277,456	656,678	612,782
바이오(Biofuels)	37,491		984	38,475	53,412
Customer-Sited, Grid Connected*	548,562	114,784	119,438	782,785	643,060
합계	1,292,042	578,770	412,308	2,283,120	2,080,775
총 판매(sales)	6,660,195	1,067,398	1,117,742	8,845,336	8,956,498
RPS 비율	19.4%	54.2%	36.9%	25.8%	23.2%

* Customer-Sited, Grid Connected 기술을 통하여 생산된 신재생 전기에너지는 NEM(Net Energy Metering), 비(非)-NEM 시스템, 그리고 학교를 위한 태양력(Sun Power for Schools) 설치를 포함하는 2016년 시스템 설치사업에 기반한 것이다. 사용가능한 발전 데이터는 그대로 사용되었으며, 데이터를 이용할 수 없는 경우에는 일반적인 태양광 시스템의 합리적인 활동 예측에 기반한 추정치가 쓰였다.

섬의 전력 사업에 대한 내용을 다루는 2016년 Renewable Portfolio Standard Status Report를 제출하였다.

2016년 말, 하와이전력회사는 2016년 12월 31일자로 하와이, 마우이, 오아후의 전력사업이 25.8%의 RPS를 달성하였으며, 이는 2020년 과도기 목표인 30%의 4%p 이내이며, 2030년 목표의 14% 밑이라고 보고하였다.3)

2013년 스마트그리드에 관한 국제 컨퍼런스 이후에, 하와이는 에너지 혁신의 선두적인 시험대로서의 역할을 확대해 왔다. 일본, 한국과의 국제 협정과 재생에너지에 대한 투자를 증진시키기 위한 대만에서의 행정 조치의 지지하에서 HNEI(Hawaii Natural Energy Institute)는 새로운 프로젝트를 개발하고 있다. 일본의 히타치(Hitachi Ltd.)와 NEDO(New Energy and Industrial Technology)는 JUMPSmartMaui 프로젝트를 2016년에 마무리했으며 HNEI 등과 함께 결과물들을 평가하고 있다. 이 프로젝트는 전기자동차(electric vehicles; EVs)의 배터리 시스템이 풍력이나 태양광과 같이 일정하지 않고 분산된 에너지원이 대다수인 지역에서 어떻게 송전 주파수 변동과 그리드 전압 사이에 균형을 잡는 것에 도움이 되는지를 중점적으로 다룬다. 관리자들은 JumpSmartMaui가 Maui Electric 그리드와 동기화되어 작동하는 동안 이를 시험하였으며, 소비자 중심이고 발전된 계량시설은 전압이나 EVs의 충전과 방출에 있어서의 다른 이상상황에 대응하는 자주적인 통제를 이루었다.

하와이가 추진하고자 하는 프로젝트들 중 하나는 HNEI와 서울대학교, LG전자, POSCO ITC, 그리고 Schneider Electric이 협력하여서 병원, 연구공원, 해운센터와 같은 다양한 지역에 적용할 수 있는 신재생에너지를 중심으로 작동하는 마이크로그리드 플랫폼과 배터리 기술에 대한 새로운 기술적 접근을 평가하는 것이다. 이 프로젝트팀은 첫째로 하와이의 세 지역에 대한 타당성 조사를 준비할 것이며, 완전한 작동 상태로 평가될 수 있는 상업적으로 가장 실행 가능한 선택지를 만들 것이다. 만약 모든 것이 예정대로 진행된다면, 공동 작업은 2017년 말에 시작되어 2020년 말까지 진행될 것이다.

---

3) Hawaiian Electric Companies' (HECO) 2016 RPS Status Report, PUC Docket No. 2007-0008, March 31, 2016.

위와 같은 프로젝트들의 공통요소는 매우 빠른 속도의 신재생에너지 보급을 위한 기술 및 경영 시스템에 대한 경제적인 분석과 세계 시장 진출을 위한 상품 및 기술들의 상업화를 위해 요구되는 비즈니스 모델 및 플랫폼에 대한 검증이다. 에너지 혁신과 정책에 대해서 보다 진취적인 입장을 가지고 있는 HNEI와 마노아 하와이 대학처럼 하와이의 선두적인 에너지, 경제, 연구 기관들은 신재생에너지가 하와이의 경제 혁신 목표 및 경제 성장의 새로운 물결에서 더 큰 역할을 할 수 있다고 믿고 이를 자신감 있게 추진하고 있다.

CHAPTER

05

대한민국과 하와이에서의
스마트그리드 관련법제 및 정책의 진화

더글라스 A. 코디가*

Ⅰ. 한국과 하와이: 스마트그리드 관련 규제의 인큐베이터

하와이 주는 대한민국처럼 스마트그리드 관련 법제 및 규제에 있어 중요한 인큐베이터로서의 역할을 담당하고 있다. 대한민국에서는 많은 계획들에 의해 스마트그리드 발전이 이뤄지고 있다. 제주도에서의 6,500만 달러 규모의 스마트 그리드 시험 프로젝트는 6,000가구에게 전력을 제공하는 완벽하게 통합된 시스템을 갖춘 바 있다.[1] 이 시험 프로젝트를 통해 대한민국은 스마트그리드 수익 모델을 만들고자 일리노이 주와 협업하였고, 해당 모델은 서울과 시카고에서 활용되었다.[2] 이상의 프로젝트 수행 결과 대한민국은 에너지 총 소비량을 3% 줄이고 전기 에너지 총 소비량을 2030년까지 10% 줄인다는 목표에 더욱 다가설

* 본 문헌은 Daniel J. Knudsen(djknudsen@aya.yale.edu)과의 연구 및 그의 문헌 작성 조력에 힘입었다. 본 문헌에 대한 그의 광범위한 기여에 감사를 표한다. 또한 서울대 법학대학원의 조홍식 교수와 이재협 교수의 스마트그리드 관련법제 및 정책에 대한 아시아-태평양 지역의 학술발전을 위하는 선견지명과 협력에도 감사를 표한다.

1) Korea Smart Grid Institute, *Major Smart Grid Initiatives By Countries*, http://www.smartgrid. or.kr/10eng8-1.php (last visited April 12, 2014)

2) *Id.*

수 있게 되었다.3)

비슷하게도, 2012년에 하와이 주 닐 애버크롬비(Neil Abercrombie) 주지사가 대한민국과의 제주도 스마트그리드 프로젝트 협력 의향서(MOU)에 서명하였다.4) 이 의향서는 하와이 주와 대한민국의 공동목표인 청정에너지 확보 및 에너지독립을 주요내용으로 담았고, 리차드 림(Richard Lim) 하와이 주 상업, 경제발전 및 관광진흥부(Hawaii Department of Business, Economic Development, and Tourism Director) 장관은 협력을 통한 스마트그리드 발전이 재생에너지 프로젝트를 비롯한 많은 프로젝트들을 활성화하고 보다 많은 일자리를 창출할 것임을 주지하며 의향서 체결에 임한 바 있다.5) 하와이 주와 대한민국 간의 자매결연의 역사를 주지해볼 때, 하와이 주 상하양원동일결의안(the Concurrent Resolution)은 주지사의 의향서 서명의 위상을 더욱 높였다.6) 하와이 주는 미국 전체에서 가장 값비싼 전기요금을 지불하고 있으며, 여전히 화석연료에 의존하고 있다. 상하양원동일결의안은 주지사로 하여금 "재생에너지 기술 도입을 위하여 대한민국으로부터 직접외자투자를 받을 기회를 모색할 것"을 주문하였다.7)

한국과 매우 비슷하게도, 하와이 주는 활발한 스마트 그리드 환경을 갖추고 있다. 가격 인센티브 및 정치, 경제, 지리적 맥락을 생각해볼 때, 하와이 주는 스마트그리드를 받아들일 역동적인 시장이며, 나머지 미국 각 주들과 세계를 향해 배포되기 전에 스마트그리드를 품고서 성숙시킬 인큐베이터다. 이 역동적인 시장은 본 문헌이 다루는 역동적인 스마트그리드 관련법제 및 규제 개혁을 촉발하고 있다.

---

3) *Id.*

4) *Korea and Hawaii to join forces in smart grid venture*, Jeju Weekly, Feb. 24, 2012, available at http://www.jejuweekly.com/news/articleView.html?idxno=2417

5) *Hawaii and Korea Enter Smart Grid Development Agreement*, Maui Now, Feb. 3, 2012, available at http://mauinow.com/2012/02/03/hawaii-and-korea-enter-smart-grid-development-agreement/

6) H.R. Con. Res. 239 (2013)

7) H.R. Con. Res. 239 (2013)

II. 하와이 주 스마트그리드 관련법제 및 정책 개발에 있어 핵심적인 기관들

하와이 주에서의 스마트그리드 관련법제 및 규제의 발전에 있어 핵심적인 기관들을 이해하는 것은 중요하다. 하와이 주의 전기에너지 시장 내 활동은 하와이 주 공익사업위원회(the State of Hawaii Public Utilities Commission)에 의해 조율된다. 위원회는 행정규제기관인 동시에 청문회를 개최하고 명령을 내리는 등 행정사법적 기능을 수행하는 역할도 담당하고 있다. 3인의 위원들이 위원회를 운영한다. 하와이 주의 주지사가 주 의회의 승인을 받아 각 위원들을 임명하며, 임기는 최장 6년이다.

하와이 주 의회 또한 스마트그리드 관련법제 및 정책의 발전을 견인해 왔다. 의회절차가 위원회 규제심판(regulatory adjudication) 절차(docket)와 다르긴 하지만, 의회도 스마트그리드 관련법제 및 정책을 발의하고 목표를 설정하며 규제절차를 조율해 나가는 데에 능동적인 기여를 하고 있다.

마지막으로, 재계와 시민단체의 스마트그리드 관련법제 및 규제 관련 조언 및 의견 표명도 스마트그리드 관련법제 및 규제의 발전을 이끌고 있다고 볼 수 있다. 재생에너지기술 및 정화기술 사업체들, 무역협회들, 계약당사자들, 신규 시장진입업체들에서부터 '하와이 푸른 행성 재단'(Hawaii's Blue Planet Foundation)이나 시에라 클럽 하와이 지부(the Hawaii Chapter of the Sierra Club) 같은 전통적인 환경운동단체들에 이르기까지 수많은 이해관계자들의 점증하는 충돌 사례들이 스마트그리드 관련법제 및 규제의 미래를 밝게 할 올바른 방향성에 대한 논의에 있어 점차 주요한 역할을 수행하고 있다. 열거한 단체들 가운데 많은 수가 특히 위원회 안건의 진행에 개입하는 데 있어 활발한 활동을 전개하고 있다.

본 장에서는 하와이 주의 스마트그리드 관련법제 및 규제의 현황을 간략하게 요약하여 제시하고자 한다. 먼저 스마트그리드 발전에 있어 중요한 역할을 하고 있는 최근 위원회 규제절차를 요약하여 제시하고자 한다. 이후에는 스마트그리드 관련법제 및 규제의 다른 원천들, 이를테면 의회에 의해 의결된 법령들과 전기사업자들에 의해 발간된 통합자원활용계획안 보고서(IRP: Integrated

Resource Planning)를 요약하여 제시하고자 한다. 마지막으로 스마트 계량기 (smart meter)의 활용에 의해 점차 수면 위로 떠오르는 하와이 주 내 건강 및 사생활침해 문제를 다루고자 한다. 말미에는 하와이 주 스마트그리드 발전 및 스마트그리드 발전 일반론에 대한 저자의 생각을 약간 덧붙이고자 한다.

III. 공공시설위원회의 에너지규제조정절차

에너지규제조정절차, 혹은 "도켓(docket)"은 하와이 주 스마트그리드 관련 법제에 대한 주요 유권해석이자 법제조율기제로 기능하고 있다. 일련의 규제조정절차들은 위원회가 하와이 주를 구성하는 각 섬에 대한 전기에너지 공급을 담당하는 전기사업자들과 소통하는 주된 무대이다. 하와이 전력 주식회사 (Hawaiian Electric Company)는 오아후 섬을 담당하고, 하와이 전력 조명 주식회사(Hawaii Electric Light Company)는 하와이 섬을 담당하며, 마우이 전력 유한회사(Maui Electric Company)는 마우이 섬을 담당하고, 카우아이 전력 협동조합 (Kauai Island Utility Cooperative)은 카우아이 섬을 담당하고 있다. 스마트그리드 규제절차에 관여함으로써 각종 시민단체들도 하와이 주의 스마트그리드 기술 발전에 대하여, 더 나아가 관련법제 및 규제에 대하여 그들의 견해를 표명하고 있다.

위원회는 최근 몇 년간 스마트그리드 기술과 관련하여 몇 가지 중요절차들을 고려해온 바 있다. 이에 대해 간략하게 살펴보고자 한다. 전기사업자들과 위원회의 상호교류가 하와이 주 내 스마트그리드 정책, 규제, 법제를 이끌고 있다. 그 결과 전기사업자들과 그들의 고객들 간의 관계 또한 인문환경에 즉각 대응하는 스마트그리드 기술 도입으로 인하여 변화 양상을 띠게 되었다.[8]

---

8) Joel Eisen, *Smart Regulation and Federalism for the Smart Grid*, 37 Harv. Envtl. L. Rev. 1, 10 (2013) (noting that smart grid will "dramatically change the relationship between utilities and their customers").

Ⅳ. 2006 오아후(Oahu) 스마트 계량기 시험 프로젝트

오아후(Oahu) 섬에서 일찍이 있었던 시험 프로젝트는 스마트 계량기의 활용가능성을 모색한 바 있다. 형식을 완연히 갖춘 규제조정절차에 입각하여 시행되진 않았으나, 이 프로젝트 결과는 후술할 향후 설계된 규제조정절차들을 입안하는 데 기초자료로 활용되었다. HECO는 오아후(Oahu) 섬에 약 500개의 스마트 계량기를 설치하였는데, 이는 선진 인프라구조 계측 시스템을 위한 세 가지 시험 프로젝트들 가운데 하나로서 시행되었다.[9]

Ⅴ. 2008 선진 인프라구조 계측 시스템(Docket No. 2008-0303)

2008년, HECO는 위원회에 선진 인프라구조 계측 시스템(AMI: Advanced Metering Infrastructure) 프로젝트에 대한 금융지원 승인을 신청하였다.[10] HECO는 처음에는 AMI 프로젝트를 오아후 섬 전체 전기사용량계량기들의 95%를 교체할 사업으로 기획하였고 또 통합 데이터 분석 및 조정구조에 기반한 AMI 계량기로 교체하는 것을 목표하였다.[11] HECO는 451,000개의 스마트 계량기를 시험 프로젝트에 사용할 것을 제안하였다.[12] 프로젝트의 비용은 110,364,000달러였다.[13] HECO는 신규도입 계량기 관련 비용과 구형 계량기 교체 비용을 지원받길 원했다. 부분적으로는 병치적 에너지규제조정절차를 통한 추가요금 부과 혹은 AMI관련 추가요금 부과를 통해 프로젝트 비용을 회수할 수 있을 것이라 기대되었다.

---

9) SAIC, *U.S. Smart Grid Case Studies*, 80 (Sept. 28, 2011) available at http://www.eia.gov/analysis/studies/electricity/pdf/sg_case_studies.pdf

10) *See In the Matter of the Application of Hawaiian Electric Company*, Inc., No. 2008-0303 (Haw. Pub. Utils. Comm'n Dec. 1, 2008) (Application of Hawaiian Electric Company, Inc., *et al.*).

11) *Id.* at 4

12) *Id.* at 5

13) *Id.* (adding implementation costs and operating costs)

컴퓨터와 사이버보안체계의 시험을 위한 프로젝트 규제조정절차의 확장 및 수정을 통해 HECO는 2010년 5월 4일에 시험 프로젝트의 규모를 확장할 것을 제안하였다. 새로이 입안된 시험 프로젝트는 652,651달러를 추가 투입하여 5,000개의 스마트 계량기를 추가 설치하고자 하였다.[14] 또한 HECO의 시험 프로젝트 기획서는 컴퓨터 소프트웨어 개발비 등을 비롯한 특정 비용들의 지급을 유예해 줄 것을 요청하였다.[15]

결과적으로 위원회는 프로젝트 승인을 거부하였다.[16] 위원회는 이 프로젝트의 스마트그리드 프로젝트들에 대한 광범위한 지원을 "하와이 주의 화석연료 의존성을 줄이고 청정에너지 기술의 발전을 꾀하는 기술 프로젝트"라 평가하긴 하였다.[17] 그럼에도 불구하고, 위원회는 자본투자 프로젝트와 시험 프로그램이 양립하는 것에 대한 우려를 표명하며 프로젝트 전체의 투자대비효율성이 좋은 것인지에 관한 근심을 드러냈다.[18] 여타 우려들로는 특히 고객정보시스템(CIS: the Customer Information System)과 AMI 시스템을 통합하는 것, AMI 시스템으로 기존 시스템들을 대체하는 것의 엄청난 비용, 아직 미처 발견하지 못했을지도 모를 대안들의 존재가능성 등이 꼽혔다.[19] 궁극적으로, 위원회는 보다 엄밀하고 보다 많은 경제적 효용가치를 담보하는 중요 계획 안건이 아니면 스마트그리드 계획과 관련하여 승인해 줄 생각이 없었다.

---

14) *In the Matter of the Application of Hawaiian Electric Company*, Inc., No. 2008-0303, 10(Haw. Pub. Utils. Comm'n May. 4, 2008) (Letter Requesting Extension)

15) *In the Matter of the Application of Hawaiian Electric Company*, Inc., No. 2008-0303, 12(Haw. Pub. Utils. Comm'n Dec. 1, 2008) (Application of Hawaiian Electric Company, Inc., et al.).

16) *See generally In the Matter of the Application of Hawaiian Electric Company*, Inc., No. 2008-0303, 10(Haw. Pub. Utils. Comm'n Jul. 26, 2010) (Order Close Docket)

17) *Id.* at 6.

18) *Id.*

19) *Id.* at 7.

1. 2010 수요응답체계 시험 프로그램(Docket No. 2010-0165)

2010년 8월 31일, HECO와 MECO는 2년 간 진행될 수요응답체계 시험 프로그램에 지원하였다.[20] 이 프로그램의 목표는 "시스템시작속행(quick start)" 반응을 시스템에 제공하여 자원활용가능성(resource availability)을 형성하는 것이었다. 이 방법을 통해 HECO는 다양한 재생에너지의 활용도를 높이고자 했다. "시스템시작속행" 반응 기능은 자동화되거나 반자동화될 수 있다. 시험 프로그램은 CIDLC 프로그램의 수정 작업에 유의미한 피드백을 가져다 줄 것으로 기대되었다.

HECO와 MECO는 약 7메가와트(MW)에 달하는 전력량을 운용할 이번 시험 프로그램을 운영할 권리를 부여받길 원했다.[21] 전기사업자들에게 있어서, 빠른 DR 시스템은 자원격차를 줄이고 추가전력발생시설이 네트워크에 연결되는 동안 감소된 수요에 대응하는 데에 도움될 것으로 기대되는 시스템이었다.[22] 빠른 DR 프로그램은 또한 전기사업자들이 풍력재생에너지가 감소할 경우 속히 대응하여 간헐적 풍력에너지를 활용할 수 있게 해줄 수단으로도 기대되었다.[23] 전기사업자들은 사업신청서를 통해 시험 프로젝트를 위한 두 가지 시스템을 설치할 것을 제안했는데, 반자동화 시스템과 자동화 시스템이었다. 반자동화 시스템은 전화나 제3자가 속한 지역의 통화연결센터에 대한 자동생성메시지에 반응하여 작동되도록 기획되었다.[24] 제3자 지역 통화연결센터는 받은 신호에 따라 시스템 구성원들로 하여금 기존에 준비된 절약계획에 따라 전력사용량을 줄일 것을 권고하기로 기획되었다.[25] 이와 대조적으로 자동화 시스템은 전화메시지 수

---

20) *See In the Matter of the Application of Hawaiian Electric Company, Inc. et. al*, No. 2010-0165(Haw. Pub. Utils. Comm'n Aug. 31, 2010) (Application of Hawaiian Electric Company, Inc., *et al.*).

21) *Id.* at 7

22) *Id.* at 10

23) *Id.* ("A need for this 10 minute 'bridge' resource is particularly valuable at times when the system experiences a sustained ramp down of intermittent wind generation.")

24) *Id.*

25) *Id.*

신과 상관없이 자동으로 전력사용량을 조절한다.26)

위원회는 2년 간의 시험 프로젝트를 승인하였다.27) 위원회는 HECO가 반자동화 시스템 관련 예산과 자동화 시스템 관련 예산을 통합하여 보다 탄력적으로 활용하는 것과 고객경험 및 수요에 대응하는 것을 승인하였다.28) 또한 위원회는 HECO 프로그램의 매개변수(parameter)가 합리적이라 보았다.29) 궁극적으로, 위원회는 시스템 안정성, 효용전반에 대한 심의, 고객의 순응의사에 대한 보다 통합적인 평가 등에 있어서도 긍정적인 결론을 내렸다.30)

VI. 보고서와 법령들

위원회에서의 준사법절차 외에, 하와이 주 의회와 전기사업자들에 의해 스마트그리드 관련 법제 및 정책과 자원관리계획이 입안되어 공포 등을 통해 효력을 발휘하기도 한다. 아래에서는 이 둘을 후술하며 보다 상세히 설명하기로 한다. 본 문헌의 출간 즈음에 하와이 주의 전기사업자들에 의해 발간된 통합자원

---

26) *Id.* at 12 ("This automated process differs from the semiautomated process in that the response by the customers' facility personnel Is done automatically with no acknowledgement required, as opposed to the semi-automated process which may require an acknowledgment by phone or email from the customers' facility personnel.")

27) *See In the Matter of the Application of Hawaiian Electric Company, Inc. et. al*, No. 2010-0165(Haw. Pub. Utils. Comm'n Nov. 19, 2011) (Decision and Order Approving Two Year Fast Demand Response Program Budget); *see also In the Matter of the Application of Hawaiian Electric Company, Inc. et. al*, No. 2010-0165 (Haw. Pub. Utils. Comm'n Mar. 19, 2012) (Order Approving Two Year Fast Demand Response Program Budget).

28) *In the Matter of the Application of Hawaiian Electric Company, Inc. et. al*, No. 2010-0165, 7 (Haw. Pub. Utils. Comm'n Mar. 19, 2012) (Order Approving Two Year Fast Demand Response Program Budget). (The proposed consolidation how law and policy are shaping Hawaii's Emerging Smart Grid may allow HECO greater flexibility in implementing their respective programs, and enable it to adjust the allocation of funds according to customer response.")

29) *Id.*

30) *In the Matter of the Application of Hawaiian Electric Company, Inc. et. al*, No. 2010-0165, 19-20(Haw. Pub. Utils. Comm'n Nov. 19, 2011) (Decision and Order Approving Two Year Fast Demand Response Program Budget)

관리계획안(IRP: the Integrated Resources Planning) 보고서는 전력사용현황감시 및 데이터 분석의 발전에 초점을 맞춘 "결과기반 조정 및 규제" 체제로 이행하고자 하는 강한 의욕을 내비쳤다.[31] 하와이 주 의회는 스마트그리드 기술 활용을 적극 권장하는 법령내용을 담은 법률 제34호(Act 34)를 채택함으로써 하와이 주 내 스마트그리드 기술 발전의 법적 토대를 닦았다. 이 둘을 아래에서 자세히 설명하기로 한다.

VII. IRP 보고서

상술한 조정규제절차 확립 계획 및 실행 사례들에 더하여, 전기사업자들의 계획안이 하와이 주 내에서 스마트그리드 관련법제 및 정책의 모양새를 가다듬어 온 바 있다. 2013년 7월 28일, HECO가 제출한 IRP 보고서는 스마트그리드 기술 적용이 "생산된 전기 에너지의 분배용량의 대량 증가"에 발맞추기 위해 이뤄졌다고 지적하였다.[32] HECO는 스마트그리드 기술 영역을 잠재적으로 "큰 이윤"을 창출할 "큰 투자"의 영역으로 보았다.[33] 그러면서도 HECO는 미국 내 다른 주들의 전기사업자들의 동향을 주시하는 한편으로 스마트그리드 사업 사례들을 검토하고 시험 프로젝트들에 참여하는 등의 노력을 기울이며 신중한 모습을 보이고 있다.[34]

수많은 기술들이 하와이 주 스마트그리드 기술의 첫 적용사례로 활용될 지도 모르는 상태에 놓여 있다. 하와이 주의 전기사업자들은 "AMI, CVR, 사전비용수령(Pre-Pay) 프로젝트들과 프로그램들"을 발전시키는 데에 노력하고 있

---

31) *See generally* David Malkin & Paul A. Centolella, *Results-Based Regulation: A Modern Approach to Modernize the Grid* (2013). Results-based regulation necessarily involves smart grid technology.

32) Hawaiian Electric Company, Inc., *2013 Integrated Resources Planning Report*, Chapter 12: Smart Grid Implementation Analysis, 12-2 (June 28, 2013), available at http://www.hawaiianelectric.com/vcmcontent/IntegratedResource/IRP/PDF/IRP-2013-Report-Filed.pdf

33) *Id.* at 12-5

34) *Id.*

다.35) 각 개별 프로그램을 위해 전기사업자들은 비용편익분석을 행하였다. 수요응답(DR) 시스템에 관하여 전기사업자들은 편익이 비용을 압도할 것이라 예측하였다.36) 위원회가 승인을 거부한 AMI에 관하여는 비용과 편익이 비등하다고 결론짓기는 했으나 편익이 전부 계량화될 수는 없다며 여운을 남겼다.37)

이러한 기술들이 전기사업자들의 스마트그리드에 관한 견해 수립에 영향을 끼쳤을 것이다, 전기사업자들은 스마트그리드를 센서, 자동스위치, 고객 측 기기인 AMI 혹은 사용량조절스위치 등의 조종기기들에 의해 중앙 컨트롤센터에서부터 할당기능을 수행하는 서브 스테이션들에 이르는 과정 전체가 스마트하게 조율되는 "왕성하면서도 위계구조적인 소통 네트워크"라 보고 있다.38) 하와이 주의 전기사업자들은 이에 따라 스마트그리드의 궁극적인 완성형은 스마트 기기를 활용한 에너지 소통 네트워크일 것이라 전망하고 있다. 이러한 방법론에 따라, 흠결통제지표(FCIs: Fault Control Indicators)도 전체 네트워크 시스템에 연결되어 있기만 하다면 빠르게 대응할 수 있게 될 것이며, AMI 계량기 시스템과 같이 빠르게 대응하여 회로들을 격리하거나 재가동할 수 있게 될 것이고, 단전 후 상태도 속히 복구할 수 있게 될 것이다.39)

원격 스위치 조종 기술의 적용은 탄력성을 더욱 강화시킬 것이다. 수요관리 시스템(DMS: Demand Management systems)을 FCIs와 병용함으로써, 그리고 OMS나 AMI 같은 관련 시스템들로부터 얻은 데이터를 활용함으로써, 전기사업자들은 최소의 정비인원으로 최대 효율성을 담보하는 방식으로 빠르게 문제를 해결하고 비용을 절감할 수 있게 될 것이다.40)

전압 절약 및 최적화 프로그램 또한 더 나은 형태로 개발될 것이다. HECO는 2014년에 보존전압절감(CVR: Conservation Voltage Reduction) 프로그램의 초기작을 내놓을 수 있을 것이라 전망하였다. 이 프로그램은 요금 범위 내에서 할

---

35) Id. at 12-6
36) Id. at 12-8
37) Id. at 12-8
38) Id. at 12-9
39) Id. at 12-9
40) Id. at 12-9

당기제가 최저전압을 유지함으로써 전체 전력소비를 줄이고 재생에너지 생산의 불확실성을 줄이는 데 기여할 기술들의 활용에 초점을 맞출 예정이다.[41]

　재생에너지의 가변성과 예측불가능성을 보다 잘 관리하고 재생에너지와 청정에너지의 원천이 점차 줄어드는 상황 속에서 사용량을 줄이기 위해 전기사업자들은 사용량직접통제 프로그램을 적용하고자 한다. HECO는 사용량직접통제(DLC: Direct Load Control) 프로그램을 활용함으로써 주택사용자, 상업사용자, 산업사용자 고객 모두에게 대응하고 있다.[42] HECO와 MECO는 수요대응속행(Fast DR)에 관한 시험 프로그램을 진행하였는데, "시스템시작속행" 예비전력이 가동 예비전력(spinning reserve)으로 전용될 수도 있게 하였다.[43] 전기사업자들은 또한 다양한 고객층을 고려하고 있으며, 인터럽트 가능한 온수기나 중앙냉방기를 위한 프로그램도 개발하고자 한다.[44]

　이러한 일련의 변화는 하와이 주가 분절적 재생에너지 시스템을 빠르게 받아들임으로써 찾아왔다. 몇몇 시스템들은 시스템 감당 한도의 15%에 달하는 재생에너지 자원을 보유하고 있다.[45] 몇몇 섬들에서는 재생에너지 시스템들이 대규모의 중앙 분배기능 스테이션보다도 규모가 크다.[46] 하와이 주의 전기자동차 시장의 성장 또한 변화의 중요요인이었다. 전기사업자들이 해당 기술과 관련하여 보유한 데이터가 별로 없다는 게 재생에너지 시장의 성장의 장애요인들 가운데 하나였다. 스마트그리드 기술이 고객 단위 혹은 서브 스테이션 단위의 데이터 수집을 가능케 함으로써 전기사업자들이 현재 데이터 수집을 위해 의존하고 있는 불완전한 구식 기술 스크린을 뛰어 넘어 많은 데이터를 수집하여 성장장애요인을 극복할 수 있게 될 것이다.[47]

　보다 큰 스케일에서의 실증 프로젝트들도 2014년과 2015년에 일제히 전기

---

41) *Id.* at 12-10
42) *Id.* at 12-12
43) *Id.* at 12-13
44) *Id.* ("고객들은 전기온수기 월 전기료로 3달러, A/C시스템 월 전기료로 5달러를 지불한다.")
45) *Id.* at 12-15
46) *Id.* at 12-15
47) *Id.* at 12-16

사업자들과 연관되어 진행될 예정이다. (1) DOE 마우이(Maui) 스마트 그리드 프로젝트, (2) 일본－미국 마우이(Maui) 프로젝트(JUMP 스마트), (3) 마우이 (Maui)의 DOE 변환기 발전모델 프로젝트 등을 예로 들 수 있겠다.[48]

본질적으로, 전기사업자들은 스마트 변환기들이 재생에너지 원천들에서 비롯하는 전력들로 하여금 보다 세미하게 사용처 곳곳에 잘 스며들 수 있도록 하는 중요 역할을 수행할 것이라 본다.[49] IRP 보고서는 전기사업자들이 고객가치를 실현하기 위해 강조하는 13가지 스마트그리드 가능성을 강조한 바 있으나,[50] 전기사업자들은 종국적으로는 전반적으로 사업사례 및 비용편익분석에 매몰된 "보수적 접근방법"을 견지하고 있다.[51]

Ⅷ. 법률 제34호(Act 34): 하와이 주의 스마트그리드 법

위원회의 각종 집행 및 사업체 분석에 더하여, 하와이 주 의회도 하와이 주의 법령들을 수정 및 개정함으로써 스마트그리드 관련법제 및 정책의 발전을 돕고 있다. 법률 제34호가 바로 그러한 법령이며, "하와이 주가 발전된 현대 그리

---

48) *Id.* at 12-17

49) *Id.* at 12-18

50) *Id.* at 12-3 - 12-4

51) 각 전기사업체들이 발간하는 IRP 보고서를 심의하고 승인하는 위원회가 이러한 "보수적 접근방법"을 최근 거부한 바 있다. *generally In the Matter of the Integrated Resource Planning*, No. 2012-0036 (Haw. Pub. Utils. Comm'n Apr. 28, 2014) (Decision and Order Rejecting IRP Report) 참조. 위원회는 HECO가 법령에 입각한 깊이 있는 분석을 해내지 못했고 또 재생에너지 원천과 스마트그리드 기술의 보유 및 발전을 위한 구체적인 도정을 그려내지 못했다는 이유로 IRP 채택을 거부했다. *Id.* at 26-27; 34-40. 위원회가 사업체들로 하여금 보다 집적되어 조직화된 형태의 재생에너지 관류에 초점을 맞춘 수요응답 프로그램을 갖추도록 명하는 한편, 이야말로 전력 총 사용가능용량을 늘리고 고객들에게 보다 나은 전력사용량 통제 서비스를 제공할 대안이라 보기도 했다. *generally Instituting a Proceeding to Review Hawaiian Electric Company, Inc., Hawaii Electric Light Company, Inc. and Maui Electric Company, Ltd.'s Demand-Side Management Reports and Requests for Program Modifications*, No. 2007-0341 (Haw. Pub. Utils. Comm'n Apr. 28, 2014) (Policy Statement and Order Regarding Demand Response Programs) 참조. 이상의 위원회 명령은 하와이 주 스마트그리드 법제 및 정책의 진화과정을 보여주고 있으며, 향후의 스마트그리드 발전상 또한 그려주고 있다.

드 기술의 활용을 촉진하는 것을 목표로 하는 정책"을 개발하는 데 적용될 법으로서의 사명을 띠고 있다.52)

하와이 주 수정법령집 제269장(Chapter 269)의 4절(Part IX)은 "전력신뢰성"을 다루고 있다. 2012년에 제정된 본 법령에 따르면, 위원회는 "법률 또는 명령에 따라 전력신뢰성관련지표기준 및 상호연결요건을 채택할 수 있다."53) 위원회가 채택한 이들 신뢰성기준들은 전기사업자와 하와이 주의 모든 전기 시스템 사용자, 소유자, 운영자에게 적용된다.54) 여기서 주요지도원리는 신뢰성이다. 위원회는 "전체 하와이 주 전기 시스템의 신뢰성과 작동효율성을 증진하기 위해 발전된 현대 그리드 기술을 통해 하와이 주 내의 전력생산, 송전, 배전 시스템과 인프라구조의 가치를 증진한다."55)

하와이 주 수정법령집 제269장은 "발전된 현대 그리드 기술"을 "하와이 주 전기 시스템의 신뢰성, 탄력성, 유연성, 효율성"을 증진하기 위한 "장비, 시설, 관련절차"들이라 광범위하게 정의하였다.56) 이러한 발전성과들이 물론 독자적인 기술발전을 통해서도 이뤄질 수 있겠으나, 여타 기술들과의 합성, 협업을 통해서도 이뤄질 수 있다. 작동역량, 동력불안에 대응한 자동수복, 주 내 지역주민의 고객 프로그램 참여 독려, 사이버 공격에 대응할 탄력성 구비, 저장용량 대형화 선택지, 발전된 운영효율성 등이 향후 추가로 완수할 목표들이다.57)

법률 제34호는 재생에너지를 보다 광범위하고도 활발하게 사용하기 위해 수반된 투자와 성과, 그리고 "재빠르면서도 왕성한, 그리드를 필요로 하는 미래의 수요에 응할 수 있을 정도로 진화한 기술"에 초점을 맞춘 하와이 주의 노력을 명시하고자 했다.58) 법률 제34호는 또한 "하와이 주의 석유의존"을 완화시키고자 했다.59)

---

52) S.B. NO. 1040, Section 1 (April 22, 2013)
53) HRS § 269-142(a)
54) HRS § 269-142(a)
55) HRS § 269-145.5
56) HRS § 269-141
57) HRS § 269-141
58) S.B. NO. 1040, Section 1 (April 22, 2013)

상업, 소비자보호, 기술, 예술에 관한 위원회(The Committee on Commerce and Consumer Protection and Technology and the Arts)는 법률 제34호가 위원회로 하여금 스마트그리드 기술을 적용시키는 데에 있어 확고한 방향성을 수립할 수 있게 해줬으며, 다양한 이점들을 안겨줬다고 평했다.[60] 수단방법위원회(The Committee on Ways and Means)도 법률 제34호의 본회의 통과를 지지하였으며, 스마트그리드 기술이 "하와이 주의 전기 생산, 송전, 배전 시스템의 역량을 끌어올려 줄 잠재력을 지니고 있음"이라고 보았다.[61] 에너지 및 환경보호위원회(The Committee on Energy & Environmental Protection) 또한 법률 제34호의 통과를 지지하였다.[62]

또한 법률 제34호는 다양한 이익단체들의 지지도 받았다. 많은 의견(comment)들이 법률 제34호와 스마트그리드 기술의 하와이 주의 기후 및 에너지 이슈 관련 목표달성의 필요성에 초점을 맞췄다. 허미나 모리타(Hermina Morita) 위원장은 스마트그리드 기술에 의한 효율성과 유연성이 하와이 주의 하와이 주 청정에너지계획(the Hawaii Clean Energy Initiative)의 목표달성에 도움을 줄 것이라 보았다.[63] 제프리 오노(Jeffrey Ono) 상사소비자분쟁 사무처 소비자보호국 전무이사도 법률 제34호에 대해 강한 지지의사를 밝혔다.[64]

HECO를 위시한 하와이 주 내 전기사업자들도 법률 제34호를 지지했다. 전기사업자들의 관점에서 보았을 때, "그리드를 현 위치와 현재 보유한 에너지 원천들로 보다 효율적이고도 효과적으로 운영하기 위해서는 많은 정보와 통제가 필요"하기 때문이다.[65]

---

59) S.B. NO. 1040, Section 1 (April 22, 2013)

60) http://www.capitol.hawaii.gov/session2013/CommReports/SB1040_SSCR210_.htm

61) Stand. Com. Rep. No. 786, available at
http://www.capitol.hawaii.gov/session2013/CommReports/SB1040_SSCR784_.htm

62) (Citation) available at http://www.capitol.hawaii.gov/session2013/CommReports/SB1040_HSCR1132_.htm

63) *Senate Bill No. 1040 – Relating To Electric Systems: Before the Senate Committees on Commerce and Consumer Protection*, 2013 Leg., 27th Sess. (Haw. 2013) (Testimony of Hermina Morita, Chair, Public Utilities Commission).

64) Id. (Testimony of Jeffrey T. Ono, Executive Director, Division of Consumer Advocacy)

65) Id. (Testimony of Marc M. Matsuura, Manager, Construction and Maintainence

다양한 청정에너지 이해관계자들도 법률 제34호와 관련된 청문 및 증언절차에 참여하였다. 시에라 클럽 하와이 지부도 "스마트한 정책 신호"라며 법률 제34호를 지지하였다.66) 시에라 클럽은 심지어 위원회 측에 더 많은 역량을 제공하기까지 하였는데, 위원회 측에 투자자금을 보다 높은 비율로 회수할 수 있는 권능과 그를 통해 더 강력한 정책 신호를 보낼 수 있도록 하는 내용을 본래 입법안에 추가하고자 하였다.67) 하와이 태양에너지협회도 강력하게 법률 제34호를 지지하였는데, 석유가격 상승기조뿐 아니라 그리드가 마우이(Maui)처럼 태양복사에너지가 충만한 곳(한도치의 15%에는 일상적으로 도달함)에서 태양에너지를 수용하기에는 아직 약한 기술이므로 발전이 필요하다는 생각 때문이었다.68) 청정에너지 관련 목표들이 재차 스마트그리드 관련하여서도 제시되었다.

다른 몇몇 이들은 법률 제34호에 반대하였다. 한 시민단체는 이번 법안이 그저 복잡하기만 할 뿐 시민단체의 우려를 해소하는 데엔 실패했다고 비판하였다.69) '대지의 생명'(Life of the Land)이라는 단체가 이러한 비판을 하였는데, 그리드 없는 시스템 혹은 전력이 그저 할당된 시스템들에 따라 개별적 계량기로 계측되는 형태로 공급되는 헐거운 시스템을 지지하였다.70) 스마트그리드 기술이 산업을 장악하는 규제로서 강력한 기술관료 및 이해관계자들에 의해 장악되어 일반시민들에 의해서는 통제되지 못하는 강력한 중앙권력화 될지 모를 잠재적 위험이 있다고 보았다.71)

종국적으로, 많은 정부, 상사, 산업체, 그리고 시민사회 활동가들이 스마트그리드를 지지하나, 그 이면에는 다면적인 합리적 계산들이 도사리고 있다. 일각에서는 스마트그리드가 청정에너지 목표의 달성에 필요한 요소라고 본다.

Department, Hawaiian Electric Co.)

66) *Id.* (Testimony of Robert D. Harris, Director, Sierra Club)

67) *Id.* In particular, the Sierra Club wanted language added stating: "The commission may consider a higher rate of return if necessary to ensure investment in advanced grid modernization technology."

68) *Id.* (Testimony of Leslie Cole-Brooks, Executive Director, Hawaii Solar Energy Association)

69) *Id.* (Testimony of Life of the Land)

70) *Id.*

71) *Id.*

IX. 건강 문제

스마트그리드 도입 문제는 지역사회와 분리되어서는 생각될 수 없다. 전자기장 과민증을 지닌 주민들에 대해 스마트 계량기들에 의한 무선진동(주파)수 방사가 끼치는 신체적 영향이 주요 난제다.[72] 과민증은 특히 어지럼증, 피로, 두통, 심계항진(心悸亢進) 등을 야기하는 것으로 알려져 있다.[73] KIUC가 카우아이(Kauai)에 300개 이상의 스마트 계량기를 설치했을 때 이러한 일련의 문제들이 떠오른 바 있다.[74] 몇몇 주민들은 이 스마트 계량기들을 거부하며 설치하지 않고자 했고, 이들 기기들과 관련된 어떠한 형태의 건강문제 사전영향평가도 없었으며, 이들 계량기가 엄청난 무선진동수를 방사하여 마치 주요통신사 송신탑 인근 500피트에 사는 거나 마찬가지인 효과를 자아낸다고 주장하였다.[75]

그러나 이후 이뤄진 추가 조사들에 의해서는 이러한 문제들이 그다지 제기되지 않았다. KIUC는 "적절한 위치와 빈도수 낮은 작동빈도 덕분에, FCC 노출한도에 달하려면 적어도 7,000개의 디지털 계량기들 틈바구니에 1피트(foot) 거리 내에 있어야 한다는 결론이 나온다"라고 밝혔다.[76] 다른 당국 기관들은 건강문제가 대부분 합리적 근거를 결여하고 있다고 보았다. 환경보호기금(The Environmental Defense Fund)은 스마트 계량기로부터 10피트 거리에 서 있는 자가 휴대전화 이용자보다도 250~1,250배 정도 적은 무선진동수 방사에 노출될 것이라 밝혔다.[77] 소비자이익지지단체들은 스마트 계량기가 단지 하루에 수차례 정도만 진동수 방사를 행한다며 "스마트 계량기는 건강 문제를 일으키지 않는다"라고 결론내렸다.[78]

---

72) http://thinkprogress.org/climate/2013/10/29/2849761/worries-smart-meters/

73) http://www.nytimes.com/2011/01/31/science/earth/31meters.html?pagewanted=all&_r=0

74) http://www.civilbeat.com/articles/2012/05/09/15792-new-electric-meters-spark-privacy-health-fears/

75) Marti Oakley, *Smart Meter Concerns, Ea O Ka Aina*, Aug. 15, 2011, available at http://islandbreath.blogspot.com/2011/08/smart-meter-concerns.html

76) http://website.kiuc.coop/content/smart-meters-and-your-health

77) Environmental Defense Fund, *What Consumers Need To Know About Smart Grid and Smart Meters.*

KIUC는 스마트 계량기 설치를 거부하는 카우아이(Kauai) 거주민들을 위해 종국적으로 10.27달러의 월 요금을 책정하였고 위원회의 승인을 받았다.79) 이 요금은 스마트 계량기 설치에 동의한 거주민들과의 형평성을 고려하여 책정되었다.80) 궁극적으로 KIUC의 구성원들도 월 요금 책정 계획안을 승인하였다.81) 단지 2,700명의 고객들만 스마트 계량기 설치를 거부하였다.82)

X. 프라이버시 문제

스마트그리드 기술 채택 관련한 하와이 내의 또 다른 우려는 다른 곳에서도 늘 제기되는 프라이버시 문제이다. 정부의 데이터 수집이 일반대중의 인지 및 견제하에서 이뤄져야 한다는 원칙의 중요성과 결부될 때 이 문제는 특히 더 중요하게 다가올 수밖에 없다. 하와이 주에서도 프라이버시가 침해 당할 수도 있다는 공포가 점차 수면 위로 떠오르고 있다. 카우아이(Kauai)에서는 몇몇 거주민들이 "사전고지 없는 감찰"과 데이터 축적에 대한 우려를 표명하며 토론에 나서기도 했다.83) 이는 프라이버시와 스마트 계량기 관련 문제에 대해 전국적인 토론이 이뤄지도록 해주기도 했다. 예를 들면, 스마트 계량기에 의해 수집된 데이터가 법 집행기관 공무원들에게 넘겨질 수도 있다는 우려가 최근 불거지고 있다.84) 프라이버시, 사이버 보안, 그리고 스마트그리드, 이 모든 것들이 미래를

---

78) Smart Grid Consumer Collaboration, Radio Frequency and Smart Meters.

79) http://www.bizjournals.com/pacific/blog/morning_call/2013/11/kauai-island-utility-cooper ative-to.html

80) *Id.*

81) http://www.bizjournals.com/pacific/blog/morning_call/2014/01/members-vote-to-keep-k auai-island.html

82) Leo Azambuja, *"Smart" Switch*, The Garden Isle, Aug. 20, 2013, available at http://thegardenisland.com/news/local/smart-switch/article_c3d3440e-1139-11e3-8db6-0019bb2963f4.html

83) Oakley, supra note 75

84) http://thinkprogress.org/climate/2013/10/29/2849761/worries-smart-meters/("예를 들어, 미국시민자유연맹은 스마트 계량기 데이터가법집행기관들에게 넘겨질 지도 모른다는 캘리포니아 전기사업체들의 우려를 인지한 바 있다. ACLU는, 소환장이 전기사업체에게 송달되기보다는

가늠할 때 중요한 염려요소가 되겠으나, 카우아이(Kauai)에는 보안책들도 많다. KIUC는 제3자에게 데이터를 판매하지 않는다.[85] 스마트 계량기 암호화 기술 활용 등, 엄격한 프라이버시 및 보안 관련 정책들도 효력을 발휘하고 있다.[86] KIUC는 또한 스마트 계량기에 어떠한 형태의 구성원 개인정보도 탑재하거나 저장하지 않는다.[87]

XI. 결론

최근에 있었던 컨퍼런스에서 허미나 모리타(Hermina Morita) 위원장은 "청정에너지 1.0"에서 "청정에너지 2.0"으로 이행하고자 하는 하와이 주의 목표를 상술하며, 전 세계가 전력망 그리드에 관한 "시스템적 접근법"을 취해야 한다고 설명한 바 있다.[88] 이는 스마트 그리드를 암시한 것이라 생각된다.

하와이 주의 "청정에너지 2.0" 계획을 완수하기 위한 많은 계획안들, 규제법령과 조정 및 규제절차들이 스마트그리드를 지배하는 기술의 등장과정을 만들고 다듬을 것이고, 그 범위는 수요응답기술에서부터 계량기술과 빅 데이터의 스마트한 활용기술에 이르기까지 매우 다양할 것이다. 차례로, 이들 기술적 혁신들은 또한 법령과 조정규제절차를 형성할 것이며, 마치 입법자, 규제 주무관청, 사업체, 상사주재자, 그리고 궁극적으로는 소비자들처럼, 스마트그리드 관련 사업을 펼치는 데 필요한 법령 혹은 조정규제절차상 인센티브를 요청할 것이다.

고객 본인에게 송달될 것, 데이터 공유에 대해서는 고객의 사전동의를 요할 것, 스마트 계량기 설치관련 문제는 적극적 동의의사를 표한 자에게만 설치하는 '부동의 디폴트 모델'을 적용하고 '동의 디폴트 모델'을 적용하지는 말 것을 권장하였다.")

85) Kauai Island Utility Cooperative, Smart Meters and Your Privacy, available at http://website.kiuc.coop/content/smart-meters-and-your-privacy

86) *Id.*

87) Kauai Island Utility Cooperative, Smart Meter FAQ's, available at http://website.kiuc.coop/content/smart-meter-faqs

88) Chris Mentzel, Maui County Conference Explores the Future of Energy, Maui Weekly, (Apr. 10, 2014) available at http://www.mauiweekly.com/page/content.detail/id/532340/Maui-County-Conference-Explores-the-Future-of-Energy.html

혁신적 규제 리더십, 유서 깊은 법 원칙들에 근간을 두었으면서도 신흥기술들에 대해서도 대응할 줄 아는 대한민국과 하와이 주의 이런 리더십이야 말로 아시아 태평양 지역, 나아가 전 세계가 경제적 효용 및 환경상 이익을 보장하는 청정에너지로 향하는 미래의 길을 밝히고 닦을 수 있을 것이다.

PART

03

한국의 스마트그리드 법제의 제문제

CHAPTER 06   스마트그리드와 개인정보보호 법정책

CHAPTER 07   스마트그리드에 관한 법정책적 제언

스마트그리드와 개인정보보호 법정책*

CHAPTER

06

허성욱

I. 스마트그리드의 개념 및 현황

스마트그리드 혹은 지능형전력망은 "기존의 전력 시스템에 IT기술을 합쳐서 에너지 효율을 최적화한 전력망의 진화된 형태" 혹은 "기존의 단방향 전력망에 정보기술을 접목하여 전력 공급자와 소비자가 양방향으로 실시간 정보를 교환함으로써 에너지 효율을 최적화하는 차세대 지능형전력망"으로 일반적으로 정의되고 있다.[1]

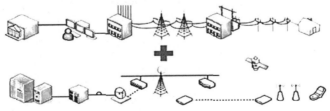

---

* 이 주제와 관련된 내용은 다른 학술대회에서 발표되고 고학수 편, 개인정보보호의 법과 정책, 박영사(2016)에 게재된 바 있다.
1) 문승일, 스마트그리드 개념, 정보와 통신 (2010. 4.) 5면.

그림 1 | 스마트그리드의 개념

• 기존의 전력망에 ICT 기술을 접목하여 전력생산 및 소비정보를 양방향·실시간으로 교환함으로써 에너지 효율을 최적화하는 차세대 전력망

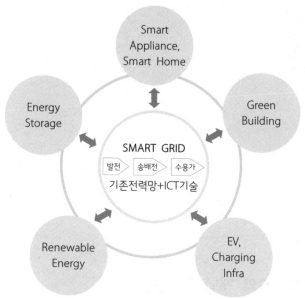

Smart Grid로 인한 주요 변화

공급측면	• 전력공급설비의 신뢰도 최대화 • 부하 평준화에 따른 설비이용률 최적화 • 저장과 신재생에너지에 의한 분산전원시스템 일반화
소비측면	• 다양한 서비스 기반 효율적 전력소비 추구(에너지 인터넷) • 에너지저소비 사회로 전환
시장측면	• 전력수요에 반응하는 스마트가전제품의 사용화 • 스마트홈 빌딩화 및 에너지효율화 산업 번창 • 충전 인프라 전기차 및 AMI의 상용 확대

스마트그리드협회 홈페이지(www.ksmartgrid.org) 참조.

에너지원으로서 전력의 중요성이 점점 증가하고 전력 에너지의 효율적인 생산 및 공급과 소비가 중요한 과제로 대두되면서 국내외적으로 스마트그리드에 관한 관심이 점점 증가하고 있다.

우리나라에서도 2009년 2월 국가단위 스마트그리드 구축계획이 녹색성장위원회에 보고되면서 스마트그리드 구축 산업이 본격적으로 추진되기 시작했고

2010년 1월 스마트그리드 국가로드맵[2])이 발표되기에 이르렀다.

위 국가로드맵에 따르면 2012년 스마트그리드 시범사업을 실시하고, 2020년까지 소비자중심 '광역 단위' 스마트그리드를 구축하며, 2030년까지 세계 최초의 '국가 단위' 스마트그리드를 구축하는 것을 단계별 목표로 설정하고 있다.[3])

또한 위 국가로드맵은 지능형전력망, 지능형 소비자, 지능형 운송, 지능형 신재생, 지능형 전력서비스를 5대 추진분야로 설정하고 각 분야별 세부 추진 목표를 설정하고 있다.[4])

스마트그리드 사업은 물론 우리나라에서만 추진되는 것은 아니고 세계 여러 나라에서도 국가적 역량을 기울여서 추진되고 있는 사업 중의 하나이다.

스마트그리드 관련 주요국 정책 동향 및 실증 현황은 다음 표와 같다.[5])

표 1 ▌ 주요국 정책 동향

구 분	내용
미 국	• 에너지자립 및 노후 전력망 현대화를 통한 경기 부양에 초점 • '03년 "Grid 2030" 국가 비전 발표 • '07년 "Energy Independence & Security Act"에 스마트그리드 명시 • '09년 "American Recovery & Reinvestment Act"를 통해 45억 달러 투자
E U	• 신재생에너지 보급 확대 및 EU 회원국 사이의 전력거래 활성화에 초점 • '06년 유럽형 Smart Grids 비전 발표 • '07년 "Climate and Energy Package 20-20-20" 계획 수립 • '09년 1억 유로 이상 투자 계획 수립 (제7차 FP에 반영)
일 본	• 태양광에너지 보급 확대 및 마이크로그리드 확산에 초점 • 목표: '10년 4GW, '20년 34GW, '30년 100GW • '09년부터 기술개발 로드맵 수립 착수 • '09년부터 기술개발 및 스마트계량기 등에 300억 엔 규모의 투자계획 수립
중 국	• 송전계통의 강화 및 전력 자원의 최적 배분에 초점 • '10년까지 스마트그리드 계획 수립, 주요 R&D 및 파일럿 프로젝트 착수 • '15년까지 주요 혁신 기술 및 첨단 설비 개발 • '20년까지 스마트그리드 보급

---

2) 지식경제부 2010. 1. 25 스마트그리드 국가로드맵(http://www.smartgrid.or.kr/09smart2-6-4.php)

3) 스마트그리드 국가로드맵 15면.

4) 스마트그리드 국가로드맵 15면.

5) 스마트그리드 국가로드맵 10-11면, 위 국가별 현황은 국가로드맵이 작성된 2010년 기준의 현황이므로 2013년 현재에는 위 현황에 비해서 각 국가들 모두 스마트그리드 사업의 상당한 진척이 있을 것으로 예상된다.

표 2 ▮ 주요국 실증 현황

구분	내용
미국	• (콜로라도주 볼더 시) 스마트계량기 5만여 개 및 전기차 600여 대 보급 추진 중 ('09년 완료 예정) • (매사추세츠주 워체스터 시) 향후 2년간 15,000가구를 대상으로 5,700만 달러 투자 계획 • (플로리다주 마이애미시) 향후 2년간 1억 달러를 투자하여 1백만 개의 무선 스마트계량기 설치 예정 • (텍사스주 오스틴시) H2G 구현 및 스마트 가전기기 실증 계획 • (일리노이주 시카고시) AMI 인프라 구축, 보안 및 표준화 인증 설비에 1억 2,000만 달러 투자
EU	• (이태리) 스마트그리드 기술을 홈 분야에 적용한 프로젝트인 TELEGESTORE에 25억 유로 투자, 3,100만 개의 스마트미터 보급 및 100,000개 이상의 배전변전소 자동화('05년 완성) • (영국) '09년부터 4개 도시에 스마트그리드를 구현하기 위해 5억 파운드 투자 • (독일) '08년부터 스마트그리드 실증에 해당하는 eTelligence, E-De-Ma, MOMA, E-DEMA, MEREGIO 및 RegModHarz 프로젝트 등에 6천만 유로를 지원하는 「E-Energy Mission」 추진 • (프랑스) '12년까지 기술개발에 4억 유로 투입, LINKY 프로젝트를 통해 '17년까지 스마트계량기 35만 개 보급 추진 • (스페인) '07년부터 '10년까지 스마트그리드 구현을 위한 DENISE 프로그램에 2천 4백만 유로 지원 • (네덜란드) ASC 프로젝트를 통해 암스테르담을 지능형 청정 도시로 구축하기 위해 전기차 충전소 300개소 설치, 신재생에너지 비율을 1/3까지 확대 추진
일본	• '07년 현재 Ota-City 등 다수 마이크로그리드 실증단지 운영 중 • '08년 태양광, 풍력 및 신재생에너지의 계통 연계 등에 약 200억 엔 투자 • '09년 현재 차세대 송·배전망 실증단지 구축 중

II. 스마트그리드와 개인정보

앞에서 본 스마트그리드의 개념정의에서 나타난 바와 같이 스마트그리드의 핵심은 IT기술을 통하여 전력의 생산 및 공급의 측면과 전력의 수요의 측면이 서로 쌍방향 소통을 한다는 데 있다. 이러한 쌍방향 소통을 통하여 전력의 생산 및 공급이 전력 수요자 혹은 소비자의 전기 사용량과 행태에 관한 정보를 고려하여 보다 효율적으로 이루어질 수 있을 것으로 기대된다.

스마트그리드 국가로드맵에서는 이러한 스마트그리드 구축을 통해 국가적으로는 에너지효율향상 및 CO_2 배출저감, 기업들은 신성장동력 발굴 및 수출산업화 달성, 개인으로서 국민들은 삶의 질 향상의 효과를 거두는 것을 장기적 전략방향으로 설정하고 있다.[6)]

문제는 이러한 스마트그리드망을 구축하는 과정에서 필수적으로 전기사용자의 개인정보가 수집되는데, 전기의 사용이 우리의 삶의 모든 국면에서 필요하다는 점을 고려하면 전기사용자의 전기사용행태 및 전기사용량에 관한 정보에는 그 전기사용자의 개인적인 삶에 대한 민감정보가 고스란히 포함된다는 점이다. 이러한 관점에서 스마트그리드 구축에 있어서 개인정보보호 대책의 수립이 중요한 과제로 등장하게 된다.

한편, 국가기간망으로서의 성격을 갖는 전력 공급망이 IT기술과 결합하여 스마트그리드 시스템으로 구축됨에 있어서 또 다른 중요한 이슈는 보안 이슈이다. 전력공급망이 IT기술과 결합하여 네트워크로 연결됨에 따라 해킹 등 외부로부터의 공격의 위협에 놓이게 되고 이러한 외부적 공격으로부터 그리드시스템을 보호하기 위한 보안대책의 수립이 필수적이다. 스마트그리드와 관련해서 기술적으로 이루어지는 논의들의 상당부분은 보안 이슈에 관한 것으로 보인다. 이 글에서는 이 부분 보안 이슈에 관해서는 다루지 않기로 하고 지금까지 본격적으로 논의되고 있지 않은 스마트그리드 시스템의 구축과 개인정보보호 법정책에 관해 주로 살펴보기로 한다.

III. 지능형전력망의 구축 및 이용촉진에 관한 법률과 개인정보보호

1. 스마트그리드 구축을 위한 법제도적 기반 마련을 위해 지능형 전력망의 구축 및 이용촉진에 관한 법률(이하 '지능형전력망법'이라고 한다)이 2011년 제정되

---

6) 스마트그리드 국가로드맵 15면.

어 시행되고 있다. 지능형 전력망법은 6개의 장과 39개의 조문으로 이루어져 있는데 동법의 제4장이 지능형전력망 정보의 수집·활용 및 보호에 관한 내용이다.

　이하에서는 지능형전력망법 제4장의 내용 중에서 개인정보의 법정책의 관점에서 다시 생각해볼 필요가 있는 몇 가지 쟁점을 중심으로 법정책적 검토를 해보기로 한다.

　법 제21조(지능형전력망 정보의 수집·관리)는 "산업통상자원부장관은 지능형전력망을 효율적으로 관리하고 운용하기 위하여 지능형전력망 사업자로부터 지능형전력망에 관한 유형별·분야별 및 공급단계별 통계 정보를 수집하여 관리할 수 있다"라고 정하여 산업통상자원부장관으로 하여금 지능형전력망 정보의 수집, 관리의 책임과 권한을 갖도록 하고 있다. 이는 전력의 생산과 공급의 주무부서의 장인 산업통상자원부장관으로 하여금 스마트그리드 정보를 수집, 관리를 통해 보다 효율적인 전력의 생산과 공급이 이루어질 수 있는 정책을 수립, 집행할 수 있도록 하는 취지인 것으로 보인다. 실질적으로 모든 국민들이 정보주체가 될 수밖에 없는 스마트그리드 정보의 누적적인 수집을 통해 국민들의 전력 사용 행태에 관한 의미 있는 정보가 수집될 것으로 예상된다. 특히 최근 급속도록 발전하고 있는 빅데이터 처리기술과 결합되면 위 스마트그리드 정보는 단순히 전력 에너지소비 및 공급에 관한 정보로서의 가치뿐만 아니라 국민들의 삶의 실질적인 대부분에 관한 정보로서의 가치를 가지게 될 것이다. 이런 관점에서 스마트그리드 정보의 수집 및 관리에 관한 권한을 가지게 되는 주무부서의 장에게는 매우 높은 수준의 책임감과 법적·도덕적 윤리의식이 요구된다고 할 것이다.

　법 제22조(전력망개인정보의 수집 등) 제1항은 "누구든지 지능형전력망 정보 중 개인에 관한 정보로서 성명, 주민등록번호 등으로 해당 개인을 식별할 수 있는 정보(이하 "전력망개인정보"라 한다)를 그 개인(이하 "정보주체"라 한다)의 동의 없이 수집하거나 처리하여서는 아니 된다"라고 하여, 전력망개인정보의 개념을 정의하면서 정보주체의 동의 없는 개인정보의 수집을 금지하고 있다.

　위 조항과 관련해서는 스마트그리드 시스템이 본격적으로 구축되어 스마트그리드 정보가 축적되는 상황에서 어느 범위까지를 스마트그리드 개인정보로

볼 것인지를 둘러싸고 해석상 많은 논란이 제기될 것으로 보인다. 예를 들어서 현행과 같이 전력의 공급이 개인별이 아니라 가구별로 이루어지고 가구별로 전력의 소비와 사용에 관한 정보가 집적되는 상황에서 그 정보를 '개인에 관한 정보'로서 '성명, 주민등록번호 등으로 해당 개인을 식별할 수 있는 정보'에 해당한다고 볼 것인지, 만약에 해당한다면 그 경우 정보주체는 그 가구의 구성원 중에서 누가 되는 것인지 등과 같은 해석상의 문제가 발생할 것이다.

또한 지능형전력망법상의 개인정보의 개념과 개인정보보호에 관한 다른 법들, 예를 들어서 개인정보보호법, 공공기관의 정보공개에 관한 법률 등에 규정되어 있는 개인정보의 개념과의 상호관계7) - 양자를 동일한 개념으로 볼 것인지 아니면 법적용 영역별로 개인정보의 개념을 다르게 이해하여야 할 것인지 - 에 관해서도 여러 가지 해석상의 논란이 일어날 가능성이 있다. 예를 들어서 보호의 대상인 개인정보에 있어서 '식별성'의 개념을 어떻게 이해하고 그 범위를 얼마나 넓게 볼 것인가 등에 관해서는 많은 논란이 있을 수 있다.

법 제23조(지능형전력망 정보의 제공 및 공동 활용 등)는 지능형전력망 사업자 사이의 지능형전력망 정보의 제공 및 공동활용에 관해 정하면서 그 지능형전력망 정보에 전력망개인정보가 포함되어 있는 경우에는 (1) 전력망개인정보를 제공받거나 공동 활용하려는 자, (2) 전력망개인정보 보유 및 이용 목적, (3) 전력망개인정보 보유 및 이용 기간, (4) 제공하는 전력망개인정보의 항목의 사항을 정보주체에게 알리고 동의를 받도록 규정하고 있다.

---

7) 참고로 개인정보보호법 제2조 제1호에서는 개인정보를 "살아 있는 개인에 관한 정보로서 성명, 주민등록번호 및 영상 등을 통하여 개인을 알아볼 수 있는 정보(해당 정보만으로는 특정 개인을 알아볼 수 없더라도 다른 정보와 쉽게 결합하여 알아볼 수 있는 것을 포함한다)를 말한다"라고 정의하고 있고, 공공기관의 개인정보공개에 관한 법률 제9조 제1항 제6호에서는 비공개대상정보에 관해 "해당 정보에 포함되어 있는 성명·주민등록번호 등 개인에 관한 사항으로서 공개될 경우 사생활의 비밀 또는 자유를 침해할 우려가 있다고 인정되는 정보"라고 정의하고 있다. 참고로 위 공공기관의 개인정보공개에 관한 법률 해당 호는 2004년 개정 이전에는 "당해 정보에 포함되어 있는 이름·주민등록번호 등에 의하여 특정인을 식별할 수 있는 개인에 관한 정보"라고 하여 명시적으로 식별성을 요구하고 있었으나 2004년 개정으로 법문상 식별성 요건은 삭제되었다. 위 비공개사유로서의 개인정보의 의미와 범위에 관해서는 2012. 6. 18. 선고 2011두2361 전원합의체 판결에서 심도 있게 다루어진 바 있다. 위 판결에 대한 평석으로는 경건, 정보공개법상 비공개사유로서의 개인정보의 의미와 범위, 행정판례연구, 제18권 제2호 (2013. 12.).

위 조항의 집행과 관련해서는 정보주체의 동의의 형식과 그 범위 및 사업자의 설명의무 등의 현실적인 문제점이 발생할 것으로 예상된다. 스마트그리드 사업의 성격상 지능형전력망 정보 및 전력망개인정보는 지능형전력망 사업자들 사이에 광범위하게 공동 활용될 것인데, 전력 사용의 불가피성을 고려하면 위 고지 및 동의 항목들은 전기서비스 신청 과정에서 약관 혹은 부동문자의 형태로 추상적이고 광범위한 내용으로 정보주체들에게 제공될 것이고 정보주체가 고지 및 동의의 구체적인 항목들을 구체적으로 살펴보고 동의여부를 결정하는 것이 쉽지 않을 것이기 때문이다.

이러한 내용은 법 제24조(지능형전력망 정보의 수집 및 활용의 적정성 보장)에서 정하고 있는 지능형전력망 정보의 수집 및 활용에 관한 표준약관과 지능형전력망 정보의 열람, 정정 또는 삭제에 관한 표준처리절차 등을 만드는 과정에서 보다 심도 깊은 논의가 있어야 할 것으로 보인다.

법 제25조(지능형전력망의 보호대책 등), 제26조(지능형전력망 정보의 보호조치 등), 제27조(정보보호의 이행확인 등), 제29조(지능형전력망 침해행위 등의 금지)의 내용은 개인정보보호의 이슈와도 관련은 있어 보이지만 기본적으로는 스마트그리드망 자체의 보호를 위한 보안이슈와 보다 더 관련 있는 조문으로 이해된다.

법 제28조(지능형전력망의 상호 운용성 확보)는 산업통상자원부장관으로 하여금 지능형전력망의 상호 운용성을 확보하기 위하여 필요한 경우에는 지능형전력망 기기 및 제품의 공용화 등의 사항에 관하여 지능형전력망 사업자에게 상호 간 협력체계를 구축하도록 권고할 수 있도록 하고 있다.

법 제30조(손해배상)는 "지능형전력망 정보의 수집·처리 또는 활용에 관한 이 장의 규정을 위반한 행위로 타인에게 손해를 입힌 지능형전력망 사업자는 그 손해를 배상할 책임이 있다. 다만, 그 지능형전력망 사업자가 고의 또는 과실이 없음을 입증하는 경우에는 그러하지 아니하다"라고 규정하여 지능형전력망법 제4장의 규정을 위반한 사업자의 고의, 과실을 일단 추정하고, 사업자로 하여금 고의, 과실이 없음을 입증하도록 하는 배상책임구조를 채택하고 있다.

생각건대, 지능형전력망 정보 및 전력망개인정보가 기본적으로 사업자에 의해 관리되고 있는 상황에서 그 정보의 유출로 인해 정보주체가 손해를 입은 경우 정보주체가 그 손해발생에 대한 사업자의 과실여부를 입증하는 것이 현실적으로 어려울 것으로 보이는 점을 고려하면 제4장의 규정위반이 있는 경우 사업자의 고의, 과실을 일단 추정하고 사업자로 하여금 무과실의 입증책임을 부담하게 하는 것은 타당한 입법인 것으로 보인다.

IV. 결론

전기의 사용이 개인 활동의 거의 모든 국면에서 요구되는 점을 고려하면 스마트그리드망의 구축은 개인의 일상 및 각종 활동에 관한 대부분의 정보가 수집되는 것을 의미한다. 특히, 최근 급속도로 발전하고 있는 이른바 '빅데이터' 활용 기술을 감안하면 이러한 개인정보보호의 문제는 보다 구체적이고 현실적인 위험을 야기할 수 있는 문제라고 할 수 있다.

물론 스마트그리드망 구축의 취지가 이렇게 수집된 정보의 활용을 통해 보다 효율적인 전력의 생산 및 공급, 그리고 소비의 시스템을 구축하는 것이기는 하지만, 그 과정에서 불가피하게 발생할 수 있는 개인정보의 유출과 위법부당한 활용의 문제에 대한 적절한 대응책을 마련하는 것이 매우 중요하다고 할 것이다.

문제는 스마트그리드망 구축을 통해 수집된 정보의 활용을 통한 가치의 창출과 개인정보보호의 적절한 균형점의 모색이다. 우리나라에서는 지난 10여 년간 몇 건의 주목할 만한 개인정보유출사건을 거치면서 개인정보보호법을 중심으로 엄격한 개인정보보호가 최우선의 정책목표로서의 지위를 가지게 되었다. 그러나 최근에는 국내외적으로 엄격한 개인정보의 보호도 중요하지만, 빅데이터 기술의 활용을 통한 사회적 가치의 창출도 중요하고 이를 위해 사전동의 위주의 기존 개인정보보호법제를 부분적으로 변경할 필요가 있다는 목소리도 높아지고 있다. 그 제도개선의 방향에 관한 논의는 부분적으로 옵트인(opt-in) 방식의 개인정보수집 및 활용을 옵트아웃(opt-out) 방식으로 바꾸거나 비실명화작업을 전제로 수집된 개인정보를 사업자가 비교적 자유롭게 활용할 수 있도록 하는 방식을 중심으로 이루어지고 있다.

스마트그리드 영역에 있어서도 개인정보의 보호와 활용에 관한 진지한 사회적 논의가 이루어져서 보다 건설적이고 합리적인 제도의 기반이 마련될 수 있기를 기대한다.

[부록]

지능형 전력망 정보의 수집·활용 및 보호

제21조(지능형전력망 정보의 수집·관리) 산업통상자원부장관은 지능형전력망을 효율적으로 관리하고 운용하기 위하여 지능형전력망 사업자로부터 지능형전력망에 관한 유형별·분야별 및 공급단계별 통계 정보를 수집하여 관리할 수 있다. <개정 2013.3.23>

제22조(전력망개인정보의 수집 등) ① 누구든지 지능형전력망 정보 중 개인에 관한 정보로서 성명, 주민등록번호 등으로 해당 개인을 식별할 수 있는 정보(이하 "전력망개인정보"라 한다)를 그 개인(이하 "정보주체"라 한다)의 동의 없이 수집하거나 처리하여서는 아니 된다.

② 정보주체는 본인에 관한 전력망개인정보를 보유하는 자에게 그 정보의 열람, 정정 또는 삭제를 요구할 수 있다. 다만, 다른 법률에 따라 특별히 그 정보가 수집 대상으로 허용된 경우에는 삭제를 요구할 수 없다.

③ 전력망개인정보를 보유하는 자는 제2항에 따른 요구를 받았을 때에는 지체 없이 이를 조사하여 그 정보의 열람, 정정 또는 삭제 등 필요한 조치를 한 후 그 결과를 정보주체에게 알려야 한다.

제23조(지능형전력망 정보의 제공 및 공동 활용 등) ① 지능형전력망 사업자는 지능형전력망 서비스를 원활하게 제공하기 위하여 필요한 경우에는 다른 지능형전력망 사업자에게 지능형전력망 정보의 제공 또는 공동 활용을 요청할 수 있다.

② 제1항에 따라 지능형전력망 정보의 제공 또는 공동 활용을 하려는 자는 해당 정보에 전력망개인정보가 포함되어 있는 경우에는 다음 각 호의 모든 사항을 정보주체에게 알리고 동의를 받아야 한다.

1. 전력망개인정보를 제공받거나 공동 활용하려는 자
2. 제1호에 해당하는 자의 전력망개인정보 보유 및 이용 목적

3. 제1호에 해당하는 자의 전력망개인정보 보유 및 이용 기간

4. 제공하는 전력망개인정보의 항목

③ 제1항 및 제2항에 따라 지능형전력망 정보를 제공받거나 공동 활용하는 자는 정보주체가 동의하였거나 다른 법률에 특별한 규정이 있는 경우를 제외하고는 그 정보를 제3자에게 제공하거나 제공받은 목적 외의 용도로 이용하여서는 아니 된다.

④ 제1항에 따른 요청을 받은 자는 정당한 사유가 있는 경우를 제외하고는 성실히 협의에 응하여야 한다.

⑤ 제4항에 따른 협의를 할 수 없거나 협의가 성립되지 아니하는 경우에는 산업통상자원부장관에게 대통령령으로 정하는 바에 따라 조정을 요청할 수 있다. <개정 2013.3.23>

제24조(지능형전력망 정보의 수집 및 활용의 적정성 보장) ① 산업통상자원부장관은 지능형전력망 정보의 수집 및 활용에 관한 표준약관을 제정하여 지능형전력망 사업자에게 시행하도록 권고할 수 있다. <개정 2013.3.23>

② 산업통상자원부장관은 지능형전력망 사업자에게 다음 각 호의 사항에 관한 규정을 제정하여 시행하도록 권고할 수 있다. <개정 2013.3.23>

1. 지능형전력망 정보의 열람, 정정 또는 삭제에 관한 표준처리절차

2. 그 밖에 지능형전력망 정보의 수집 및 활용의 적정성을 확보하기 위한 사항

제25조(지능형전력망의 보호대책 등) ① 산업통상자원부장관은 지능형전력망과 관련된 중앙행정기관, 지방자치단체, 지능형전력망 사업자 및 지능형전력망 서비스의 이용자가 참여하는 지능형전력망 보호대책을 수립·시행하여야 한다. <개정 2013.3.23>

② 산업통상자원부장관은 지능형전력망 사업자 단체 또는 지능형전력망 서비스 이용자 단체가 참여하는 지능형전력망 보호대책의 수립과 그 활동에 필요한 지원을 할 수 있다. <개정 2013.3.23>

제26조(지능형전력망 정보의 보호조치 등) ① 지능형전력망 사업자는 지능형전력망 정보의 신뢰성과 안전성을 확보하기 위하여 다음 각 호의 보호조치를

하여야 한다.

1. 「정보통신기반 보호법」 제2조제2호에 따른 전자적 침해행위의 방지 및 대응을 위한 정보보호시스템의 설치·운영 등 기술적·물리적 보호조치

2. 지능형전력망 정보의 불법 유출·변조·삭제 등을 방지하기 위한 기술적 보호조치

3. 지능형전력망 정보 보호를 위한 조직·인력의 확보 및 계획의 수립·시행 등 관리적 보호조치

② 지능형전력망 사업자 또는 지능형전력망에 관한 업무에 종사하고 있거나 종사하였던 사람은 직무상 알게 된 비밀을 타인에게 누설하여서는 아니 된다.

③ 산업통상자원부장관은 관계 중앙행정기관의 장과 협의하여 제1항에 따른 보호조치에 관한 지침을 정하여 고시하고, 지능형전력망 사업자에게 그 지침을 준수하도록 권고할 수 있다. <개정 2013.3.23>

제27조(정보보호의 이행확인 등) ① 산업통상자원부장관은 다음 각 호의 어느 하나에 해당하는 지능형전력망 사업자에 대하여 매년 제26조제3항에 따른 지침의 이행 여부를 확인할 수 있다. <개정 2013.3.23>

1. 지능형전력망 기반 구축사업자

2. 지능형전력망 서비스 제공사업자로서 이용자 수 등이 대통령령으로 정하는 기준에 해당하는 자

② 산업통상자원부장관은 제1항제2호의 요건에 해당하는지를 확인하기 위하여 필요한 경우 관계 행정기관, 관련 자료 보유기관 또는 지능형전력망 사업자에 대하여 필요한 자료의 제공 또는 사실의 확인을 요청할 수 있다. <개정 2013.3.23>

③ 산업통상자원부장관은 제1항에 따른 이행 여부 확인결과에 따라 필요한 경우 기간을 정하여 개선권고, 개선명령, 그 밖에 필요한 지시를 할 수 있다. <개정 2013.3.23>

④ 제1항에 따른 지침의 이행 여부 확인절차 등에 필요한 사항은 대통령령으로 정한다.

제28조(지능형전력망의 상호 운용성 확보) 산업통상자원부장관은 지능형전력망의

상호 운용성을 확보하기 위하여 필요한 경우에는 다음 각 호의 사항에 관하여 지능형전력망 사업자에게 상호간 협력체계를 구축하도록 권고할 수 있다. <개정 2013.3.23>

1. 지능형전력망 기기 및 제품의 공용화
2. 지능형전력망 정보의 공동 활용
3. 지능형전력망 및 지능형전력망 서비스의 상호 연동

제29조(지능형전력망 침해행위 등의 금지) 누구든지 다음 각 호의 어느 하나에 해당하는 행위를 하여서는 아니 된다.

1. 접근권한 없이 또는 허용된 접근권한을 넘어 지능형전력망에 침입하는 행위
2. 정당한 사유 없이 지능형전력망 정보를 조작·파괴·은닉 또는 유출하는 행위
3. 지능형전력망의 운영을 방해할 목적으로 악성프로그램(컴퓨터 바이러스 등 전력망의 안정적인 운영을 방해할 수 있는 프로그램을 말한다)을 지능형전력망에 투입하는 행위
4. 지능형전력망 운영을 방해할 목적으로 한 번에 대량의 신호를 보내거나 부정한 명령을 처리하도록 하는 등의 방법으로 지능형전력망 정보 처리에 오류를 발생하게 하는 행위

제30조(손해배상) 지능형전력망 정보의 수집·처리 또는 활용에 관한 이 장의 규정을 위반한 행위로 타인에게 손해를 입힌 지능형전력망 사업자는 그 손해를 배상할 책임이 있다. 다만, 그 지능형전력망 사업자가 고의 또는 과실이 없음을 입증하는 경우에는 그러하지 아니하다.

스마트그리드에 관한 법정책적 제언*

CHAPTER
07

박훤일

I. 머리말

기존 전력망에 정보기술(information technology: IT)을 접목한 스마트그리드(smart grid, 지능형전력망)가 최근 몇 년 간 전력위기에 처한 우리나라의 유력한 현실적 해결수단으로 등장하였다. 정부는 스마트그리드 국가 로드맵[1]을 바탕으로 제주도에 스마트그리드 실증단지(smart grid test bed)를 조성하고, 2011년 11월부터는 「지능형 전력망의 구축 및 이용촉진에 관한 법률」(이하 "지능형전력망법")을 시행하고 있다. 이에 따라 그동안 「전기사업법」만으로는 추진이 어려웠던 스마트그리드 구축 사업이 본격화되었으며, 제주 실증단지에서는 정부와 전력·통신·자동차·가전 분야의 민간기업들로 구성된 12개 컨소시엄이 지능형 전력망 구축, 지능형 전력시장과 소비자, 운송, 신재생에너지 등 5개 분야에 걸

---

* 이 글은 경희법학 제48권 2호(2013.6.30.)에 실린 필자의 논문 "우리나라 스마트그리드 사업의 활성화를 위한 전제조건"과 2013.11.26 서울대학교에서 열린 스마트그리드 국제학술회의에서 발표한 자료를 본 주제에 맞게 간추리고 최근 동향을 반영하여 수정한 것이다.

1) 스마트그리드 국가 로드맵(2010. 1.)에 의하면 2030년까지 정부가 2.7조원, 민간이 24.8조원을 공동분담하는 방식으로 지능형전력망 등 5대 기술에 총 27.5조원을 투자할 계획이다.

쳐 시범사업을 실시하였다.2) 제주 실증단지 시범사업은 일단 2013년에 끝났는데, 그 다음 단계인 거점도시 선정은 부산시, 세종시 등이 관심을 보이고 있는 가운데 사업성 부족 등의 이유로 지연되고 있다.

　　박근혜 정부 들어서는 '창조경제' 모델로서 기존 전력망에 IT를 접목한 스마트그리드가 주목을 받았다.3) 특히 원자력발전소 가동 중단, 송전탑 건설 차질4) 등으로 야기된 전력수급난에 처하여 발전량을 늘리지 않고도 안정적인 전력공급이 가능한 스마트그리드가 관심을 끌었다.5) 정부는 지능형 전력계량 인프라(advanced metering infrastructure: AMI)를 통해서는 전력사용량 및 요금 관리 등 다양한 전력정보를 제공하고, 에너지 저장장치(energy storage system: ESS)로는 전력요금이 저렴한 시간대에 충전된 전력을 비싼 시간대에 사용하는 등 전력 절감을 유도할 방침이다.6) 이를 위해 본격적으로 계절별·시간대별 차등요금제, 다양한 선택형 요금제를 시행한다면 전력소비자들은 피크 전력을 줄이는 동시에 신재생에너지의 이용을 늘려나갈 것으로 보인다. 스마트그리드 사업은 AMI와 ESS를 상호 결합한 패키지 형태뿐만 아니라 AMI와 ESS를 단독으로 구축하는 방식으로 추진된다. AMI는 ESS 보급이 가능한 빌딩, 상가에 패키지 형태로 우선 보급하고, 기계식 계량기 교체가 필요한 아파트단지 등 일부 공동주택에는 단독으로 설치될 예정이다. ESS는 성과가 기대되는 풍력단지 및 구역전기사업

---

2) 제주 스마트그리드 실증단지에서는 제주도 구좌읍의 3천여 가구를 대상으로 전력IT 10개 과제의 연구성과를 실증하는 스마트그리드 사업을 수행한 바 있다.<https://www.smartgrid.or.kr> 그 다음 단계에서는 2016년까지 전국 7개 광역권 별로 스마트그리드 거점지구를 지정할 예정이었다.

3) 전기신문, "스마트그리드 '창조경제' 중심 飛上할까", 2013.5.6.

4) 정부의 전력수급기본계획에 따라 발전소를 건설하였음에도 인근 전력수요처인 산업단지에 전력을 공급하기 위한 송전선로와 송전탑의 건설을 지역주민과 지자체들이 반대하는 NIMBY 현상이 곳곳에서 벌어지고 있다. 신고리 3호기에서 생산된 전력을 창녕 변전소로 보내기 위한 경남 밀양 구간의 송전탑 건설은 10년이나 지연되었고, 북당진 변환소 설치에 따른 송전선로와 송전탑 건설은 한국전력공사와 당진시 간에 대법원까지 가는 소송으로 번졌다. 또 빛그림 국가산업단지에 전력을 공급하기 위한 광주 광산의 송전탑 건설도 주민들의 반대로 차질을 빚고 있다. NewDaily, "당진시, 북당진 변환소 건설 상고심도 패소", 2017.2.24.

5) 스마트그리드를 이용하면 발전소 건설을 늦출 수 있고 스마트그리드에 적합한 가전 및 전기제품의 수요가 폭발적으로 늘어나게 되어 전기자동차, 중전기 및 통신·전자기기 등 관련 산업의 발전을 촉진할 것으로 예상된다.

6) 한국스마트그리드사업단의 스마트그리드 보급지원 사업계획(2013)에 따르면 1만 2천호에 AMI를 구축하고 11MWh 규모의 ESS를 보급할 예정이다.

자, 대규모 전력수용가 등에 보급하게 된다.

그뿐만 아니라 스마트그리드는 신재생에너지, 전기차 등 청정 녹색기술과의 접목이 용이한 개방형 시스템으로 구축되는 만큼 산업간 융·복합을 통한 새로운 비즈니스의 창출이 가능하고, 거점지구 선정에 따라서는 첨단기술을 갖춘 지역사회의 건설, 지역경제의 활성화로 연결될 전망이다.

이 글에서는 우리 현실에 비추어 가장 바람직한 스마트그리드 사업은 무엇인지 알아보고, AMI·ESS·전기차의 보급을 둘러싼 찬반론과 함께 스마트그리드 확산사업 추진에 대한 감사원의 부적정 판정(2016.12)의 경위를 살펴본다. 그럼에도 4차 산업혁명 시대에 발전과 송·배전망을 어떻게 구축하고, 법정책 면에서 무엇을 어떻게 해야 하는지 검토하고자 한다. 검토의 범위를 좁히기 위해 편의상 신재생에너지와 스마트그리드의 개인정보보호 관련 부분은 생략하였다.

II. 스마트그리드 활성화 방안

1. 스마트그리드 확산사업 추진

제주도의 스마트그리드 실증단지에서는 <표 1>에서 보는 바와 같이 지능형 전력소비, 지능형 운송, 지능형 신재생에너지, 지능형 전력망, 지능형 전력서비스 등 5개 분야에서 여러 민·관기업이 협력하여 핵심기술을 개발하고 다양한 사업 모델을 검증하였다.

발전량을 늘리지 않고도 전력수급을 원활히 하기 위해서는 일단 생산된 전력은 버리지 않고 에너지저장장치(ESS)나 전기배터리 충전을 통해 알차게 사용할 뿐만 아니라 전력요금이 쌀 때 저장하였다가 비쌀 때 되팔 수 있게 하고,[7] 석유나 가스로 달리던 자동차에 미리 충전해 놓은 배터리를 장착하고 달리게 하여야 한다. 그렇다면 스마트그리드 중에서도 스마트미터기와 AMI, ESS, 전기자동차(electric vehicle: EV)와 전력망 접속(vehicle to grid: V2G) 등을 간편하고 용이

---

7) 전력시장에서 수요자원이 공급자원과 동등하게 거래할 수 있는 수요관리 시장을 개설할 수 있도록 전기사업법이 개정되어 2014년부터 시행되고 있다.

표 1 ▮ 제주 스마트그리드 실증단지의 분야별 실증사업

분 야	목 표	참여 기업
지능형 전력소비 (Smart Place)	지능형 계량인프라(AMI)를 활용한 전력사용절감 및 최대전력 감소, 양방향 통신 기반의 에너지관리 자동화 시스템을 통한 전력소비 합리화	SK텔레콤, KT, LG전자, KEPCO SP
지능형 운송 (Smart Transportation)	언제 어디서나 전기차 충전이 가능한 전국단위의 충전 인프라 구축, 전기요금이 쌀 때 충전하고 비쌀 때 되팔아 수익창출	KEPCO ST, SK에너지, GS칼텍스
지능형 신재생에너지 (Smart Renewables)	신재생에너지의 안정적 전력망 연계를 통한 대규모 신재생 발전단지 조성, 자가용 신재생설비를 활용하여 에너지 자급자족이 가능한 가정 및 빌딩 구현	KEPCO SR, 현대중공업, 포스코ICT
지능형 전력망 (Smart Power Grid)	새로운 융·복합 비즈니스 창출이 가능한 개방형 전력망 구축, 전송효율 향상 및 고장 자동복구 체계 구축을 통한 고품질·신뢰성 확보	KEPCO PG
지능형 전력서비스 (Smart Electricity Service)	다양한 요금제도와 소비자의 에너지 선택권 제고, 전력 및 파생상품 거래가 가능한 온라인 전력거래시장 활성화	KEPCO ES, KPX

자료: 제주스마트그리드 실증단지 홈페이지<https://www.smartgrid.or.kr>에서 재구성

하게 이용할 수 있어야 할 것이다. 스마트그리드를 확산하기 위해서는 여러 사업 중에서도 스마트미터기를 단기간 내에 설치하는 방안, AMI와 ESS를 조속히 제도화하는 방안, 전기자동차와 V2G의 보급을 널리 확장하는 방안을 적극 추진할 필요가 있다.[8]

2. 스마트미터기의 설치와 AMI의 구축

전세계적으로 낮은 유가수준에서도 스마트그리드 시장이 안정적인 성장추세를 이어가고 있다. EU에서는 일부 국가에서 프라이버시 보호 같은 문제로 인해 주춤하기도 했으나 2020년까지 온실가스(GHG) 배출량을 1990년 대비 20% 감축, 재생에너지 에너지 분담율을 20%까지 증대, 에너지 효율을 20% 향상시키

---

8) 이순정·김철환, "전력저장장치(ESS)와 V2G 동향 및 전망", 조명·전기설비학회지, 제28권 4호, 한국조명·전기설비학회지, 2014, 25면.

는 등 20-20-20 목표를 설정하고 스마트그리드 구축을 적극 추진하고 있다. 특히 스마트미터기의 보급은 미국과 캐나다에서 활발하여 2016년 초까지 누적 개수로 7천만 개가 설치되었으며, 멕시코에서도 설치를 확대하고 있다.[9]

우리나라에서도 2011년부터 근거법령이 마련되어 시행되고는 있으나 아직 스마트그리드 사업의 주체, 기존 전기사업법 기타 에너지관련법과의 관계, 사업 수행을 위한 재원확보, 사업수행에 따른 제반 문제의 해결을 위한 뚜렷한 대안 이 없는 실정이다.[10] 다만, 실증사업의 성과를 이어갈 후속사업이 지연되고 신 시장 창출을 위한 제도가 마련되지 못함으로써 전반적으로 스마트그리드의 확 산에 대한 기대가 다소 퇴색되었다. 이용자들이 실감할 수 있도록 실시간 요금 제를 도입하고 스마트그리드를 구축하려면 스마트미터기의 보급 및 AMI 구축이 선행되어야 한다. 그러므로 전력소비자에 대하여 스마트미터기의 보급을 의무화 함으로써 전력 공급자와 소비자 간에 양방향 커뮤니케이션 채널을 마련하고, 실 시간 전력사용 정보를 토대로 전력효율의 최적화를 도모하여야 한다. 예컨대 전 자식 전력량계를 널리 보급하여 전력사용을 스마트화한다면 전력공급자는 검침 비용을 절감하고, 소비자는 전력소비를 절약할 수 있다. 전력소비자의 부하 사 용에 대한 정보를 수집할 수 있어야 합리적인 전력 수요관리와 전력설비의 효율 적 운용이 가능해진다.[11]

현재 전기사업법 제19조(전력량계의 설치·관리) 제1항에서 발전사업자, 자가 용 전기설비 설치자, 구역전기사업자, 배전사업자 등에 대하여 시간대별로 전력 거래량을 측정할 수 있는 전력량계를 설치·관리하도록 의무화하였는데, 지능형 전력망 운영에 필수적인 스마트미터기라고 특정하지는 않았다. 외국의 사례를 보면, 스마트그리드의 구축을 서두르는 나라들은 대부분 스마트미터기의 설치를 의무화하는 경향이 있다. 의무화하지 않는 나라들도 그 필요성을 인정하지 않아

---

9) 에너지경제연구원, "2015년 세계 스마트그리드 투자실적 및 향후 전망", 세계에너지시장 인사이 트, 제16-15호, 2016.4.29, 3~6면.

10) 박흰일·윤덕찬,「SG사업 활성화를 위한 기반구축사업자의 역할 및 유관 법제도 개선방안 연 구」한국전력거래소 용역보고서, 2012.7.23.

11) 김지희, "해외 AMI 비즈니스 모델 및 소비자 서비스 사례 분석", 전기저널 2016.10월호, 2016.10, 6면.

표 2 ┃ 주요국의 스마트미터기 설치 관련 규정

국가	법 규	도입 현황	비고
영국	2019년까지 도입의무 배전 회사가 아닌 에너지 공급 사업자가 도입책임을 부담 미터기와 IHD 요구사양도 함께 공지되었지만, 아직 결정되지 않음	규제기관인 Ofgem이 2007년부터 Energy Demand Research Project를 실시하고, 4개 사업자 (EDF, SSE, Scottish Power, E.ON)가 스마트미터기, IHD 등을 설치 British Gas, First Utility, nPower에서 시험적으로 DR 효과를 예상해 미터기의 설치를 개시	통신 인프라 및 데이터 전송의 실시ㆍ관리에는 제3자인 DCC가 정부의 승인하에 담당
프랑스	정부와 사업자 (ERDF)의 협조하에 실질적으로 전가구 도입 의무화. 2018년까지 3,500만 건 목표	2008년 중반 Linky Project를 Tour 및 Lyon에서 실시. ERDF는 스마트미터 300,000대, 중계기 7,000대 설치	가스 스마트미터기 도입은 미정
이탈리아	ENEL뿐 아니라, 그 밖의 사업자도 2008년부터 도입 의무화(원격검침 가능한 전자 미터기의 설치 의무화)	2011년 말까지 3,600만 수요가에 전자 측정기를 설치 미터기 시스템의 초점은 에너지 절약이 아니라 盜電 등 기술 이외 부분의 비용 절감에 있음	현재의 규제요금은 시간대별 요금제
네덜란드	2009년 개인정보보호, 보안상의 이유로 의무도입안 부결. 그 후, 2010년 11월 스마트미터기의 자발적 도입에 대한 법적인 틀 규정	2011~2012년 시범사업을 실시하고, 결과에 따라 2013년부터 6년간 도입 Alliander사, Oxxio사 등이 시범사업에 참여	현재도 개인정보보호 문제가 논의의 중심이 되고 있음
독일	도입 의무 없음 EnWG 2009은 2010년 초부터 신축 건물 및 대규모 수리를 한 건물에 스마트미터기 설치만을 요구	여러 파일롯 프로젝트가 실시되고 있지만, 법적상태가 불명확하기 때문에 적극적인 움직임은 보이지 않고 있음 (2010년 초 스마트미터 제품을 제공하는 전력회사는 전체 800개사 중 15개사)	전력공급자는 2011년까지 부하변동가격 또는 시간대별 요금(ToU)을 제공해야 함
스페인	2007년 11월 발표된 Energy Act는 2018년 말까지 가정용 계량기 교체를 규정 신형 미터기의 요구 사양에 대해서도 공개	엔데사 사에서는 스마트시티 프로젝트의 일환으로 안달루시아에 22,000개의 스마트미터기 설치 완료. 2015년까지 1,300만 개 설치 예정 이베르도로라사에서는 카스틸리 존에 10만 개의 계량기 설치ㆍ도입을 추진	
노르웨이	시간당 검침은 대규모 수요자만 의무화 EU 기준의 책정을 기다리면서 본격도입을 위한 기능 요구사항 등은 연기	일부 DSO는 스마트미터기를 이미 도입하고, 주 1회 검침을 실시 현재 규제기관의 궁극적인 요구사양을 기다리고 있는 상황	소매사업자 중에는 시간당 현물가격을 이용한 가격 옵션을 제공
스웨덴	유럽에서 최초로(2003년) 매월 검침을 의무화 2009년 7월부터 소규모 수요자는 매월 검침의무	2009년까지 거의 모든 수요자에 대해 원격 검침이 가능한 측정기를 설치 그러나 모든 미터기에 대해 한 시간 값을 취득할 수 있는 상태가 아님	가스, 열, 수도는 원격 검침의무가 없음. 미터기 DSO의 책임범위 있음
핀란드	전력시장법(66/2009)에 의해 2014년까지 80%의 가정에 스마트미터기 도입 의무화	100만 대 이상의 전기 계량기가 설치됨 기간 내 약 200만 대가 설치될 예정	지역난방공급 미터기의 50%에 대해 원격 검침이 가능

자료: 윤덕찬 작성, 「SG사업 활성화를 위한 개선방안 연구」, 한국전력거래소, 2012.7, 135~136면.

서가 아니라 개인정보보호나 비용편익 등의 관점에서 미루고 있는 실정이다. 우리나라의 경우 초기에는 AMI와 ESS의 가격인하로 초기 시장이 형성되었으나 아직 기기의 대중화에는 이르지 못한 상황이다.

따라서 조기에 스마트그리드 구축에 필요한 인프라를 확충하기 위해서는 고압공동주택의 전력량계 관리의무를 배전사업자에게 부여하듯이 법률상 배전사업자에게 스마트미터기의 설치의무를 부여하는 것이 효과적이다. 이러한 경우에도 자발적 도입에 대한 법적인 틀은 제공되어야 하며, 서비스 제공사업자도 설치할 수 있는 문을 열어 놓을 필요가 있다. 이러한 의미에서 '배전사업자' 대신 '에너지공급사업자'에게 스마트미터기의 도입 책임을 지운 영국의 사례를 참조할 수 있을 것이다.

또한 일본이 스마트미터기의 도입을 촉진하기 위해 ① 스마트미터기와 홈에너지 관리 시스템(home energy management system: HEMS)의 정보 연계에 필요한 인터페이스를 표준화하고, ② 그 전제가 되는 전력회사 등으로부터 제공되는 데이터 포맷의 통일을 시행한 것을 참고할 수 있다.

이와 관련하여 스마트미터기 설치의 의무화를 위해 전기사업법 제19조 제1항의 "시간대별로"를 "실시간으로" 개정하자는 주장이 있다. 관계자들이 대부분 이것을 스마트미터기로 인식하고 있으므로 법 개정보다는 "시간대별로" 전력거래량을 측정하는 전력량계의 의미를 구체화하는 것이 낫다. 외국의 사례를 보면 스마트미터기의 실시간 측정간격이 나라마다 다르기 때문이다.

표 3 ┃ EU의 미터기 규제 현황 및 측정 간격

국가	미터기 시장의 규제 상황	스마트미터기 도입 의무화	제3자의 소비전력량 입수 여부	미터 측정 간격
프랑스	기타	없음	가능	2초~10분
독일	자유화	없음	가능	15분
영국	규제	있음	가능	5초
네덜란드	자유화	검토중	-	15분

자료: European Commission, Set of Common Functional Requirements of the Smart Meter, Oct. 2011.

3. 계량 서비스 사업의 촉진

현행 지능형전력망법이나 전기사업법에는 계량사업자에 대한 별도의 규정이 없다. 전력계량에 대하여는 「계량에 관한 법률」과 「전력시장운영규칙」에서 일부 정하고 있으나, 새로운 형태의 계량사업자가 시장에 참여하는 데는 한계가 있다.

예컨대 오스트레일리아 전력시장에서는 20개가 넘는 계량사업자 및 계량데이터 사업자가 활동하고 있다. 1998년 국가전력시장이 도입되면서 계량 관련 서비스는 국가전력시장규칙(National Electricity Rules: NER)에 의해 경쟁 서비스로 전환되었기 때문이다. 2010년 NER 개정으로 호주 전력시장/계통운영자(Australian Energy Market Operator: AEMO)[12])의 인가를 받은 사업자만 사업을 수행할 수 있다. 호주에서는 모든 소매 판매 및 배전사업자들이 NER 제7장에 따라 전력소비자 계량데이터를 AEMO에게 의무적으로 제공하게 되어 있는데 AEMO는 소매계량 데이터 관리를 위해 통합계량·정산 시스템(Market Settlement and Transfer Solution: MSATS)을 운영하고 있다.

우리나라에서는 현행 전기사업법 제19조 및 전력시장운영규칙 제4.1.1조에서 전기사업자의 계량설비 설치의무를 규정하고 있으며, 동 규칙 제4.1.2조에서는 전력거래소가 전기사업자 및 직접구매자로부터 계량설비의 계량 데이터를 전송받아 데이터베이스에 저장하고 유지·관리하도록 하였다.

한편 지능형전력망이 구축되면 지능형전력망을 통하여 수집되는 정보는 관련 서비스사업에 있어서 중요한 자료가 된다. 따라서 이러한 정보의 관리는 통합적이면서 효과적으로 공공기관에서 통제·관리할 필요가 있으며, 이를 위한 적절한 시스템이 마련되어야 한다. 아울러 새로운 형태의 계량사업자 또는 계량 서비스 사업자가 시장에 참여할 수 있도록 전기사업법과 계량법을 개정하여 해당 사업에 대한 근거규정을 마련할 필요가 있다. 예컨대 계량법 제2장 계량기의 형식승인 및 검정 등에 통합검침 허용조항을 두어 사업자별 개별 원격검침에 비

---

12) AEMO는 호주 전력시장/계통운영 가스시장 운영업무를 수행하는 비영리 독립법인으로 한국전력거래소와 유사하게 호주 전력법에 설립근거를 두고 있다.

해 비용 절감 및 업무효율성을 제고하도록 한다. 아울러 기존에 전력거래소가 관리해 온 계량정보와 더불어 지능형 전력망 정보를 통합 관리할 수 있는 중앙 정보센터를 운영하는 것이 효과적이다.

4. 에너지저장장치(ESS) 사업의 활성화

제주 스마트그리드 실증단지에서도 검증이 되었거니와 전력요금이 쌀 때 전력을 저장해놓았다가 비쌀 때 이를 사용하거나 되팔 수 있다면 소비자는 물론 발전회사에도 큰 이득일 것이다. 기술적으로 분산형전원이 연계된 배전계통에 있어서는 그 출력용량의 여부에 따라 양방향의 전력조류가 발생할 가능성이 있어 계통운영상 문제를 일으킬 수 있다. 풍력이나 태양광 발전의 전력품질 저하 문제를 해결하기 위해서는 '신재생발전용 전력저장장치'(virtual power plant 포함)를 도입할 필요가 있다.[13]

총발전량에 동일한 발전요금을 적용하는 발전차액 지원제도(feed in tariff: FIT)가 2012년 폐지되고 현재는 신재생에너지 공급의무화제도(renewable portfolio system: RPS)가 실행되고 있다.[14] 이는 「신에너지 및 재생에너지 개발·이용·보급촉진법」(이하 "신재생에너지법")에 의하여 총발전량 대비 일정비율의 발전량은 신재생에너지(태양광/비태양광으로 구분)로 공급하도록 하는 제도를 말한다. 이 과정에서 에너지 저장장치(ESS)는 중요 부하 백업전원(UPS) 공급 등 전력의 안정적 공급 및 부하 평준화로 발전·송배전 등 전력시스템 효율을 향상시키는 동시에 ESS의 충·방전을 이용한 지능형 수요관리 및 신재생에너지 발전원에 대한 안정적 계통연계라는 인프라를 제공한다.

---

13) 고동수, 「전력수급 균형 및 스마트그리드 활성화를 위한 에너지저장시스템(ESS)」, 산업연구원, 2012, 35면.
14) RPS제도 해설 <http://www.knrec.or.kr/knrec/12/KNREC120700_02.asp>

이러한 필요성에 부응하여 지능형전력망법 시행령 <별표 1>에 ESS 사업자의 등록기준을 마련한 데 이어,15) 전기사업법을 개정하여 발전사업자, 전기판매사업자 외에 위의 시행령에 따른 수요반응관리 서비스제공 사업자(수요관리사업자)도 일정 요건을 갖추면 전력거래를 할 수 있게 되었다(동법 제31조 5항, 시행령 제19조 6,7항). 또한 신재생에너지법 제2조 제3호의 신·재생에너지 설비에 전력저장 설비가 포함됨에 따라16) 동법 제10조에 의해 신재생에너지 설비 및 그 부품의 공용화에 대한 사업비 지원을 받을 수 있게 되었다.

그리함으로써 ESS를 빌딩 및 산업단지에 핵심기술로 적용하고 에너지관리장치 및 고효율기기 등을 접목하여 수요반응에 의한 계통피크 절감과 에너지효율화에 의한 에너지비용 절감을 달성할 수 있다.

5. V2G 사업의 활성화

전기자동차의 전력 재판매사업인 V2G 서비스 사업도 ESS와 마찬가지로 전기사업법에 따라 발전사업자로 허가를 받아야 전력시장에서 거래를 할 수 있다. 덴마크는 풍력대국이지만, 풍력발전 전력저장시설이 없어 잉여시간에는 귀중한

---

15) 지능형전력망법 시행령 [별표 1]의 지능형전력망 사업자 등록기준 및 업무범위

구분		등록기준	업무범위
지능형전력망서비스 제공사업자	그 밖의 서비스 제공사업자	1. 자본금 규정 삭제 <2014.12.23.> 2. 「국가기술자격법」에 따른 전기·정보통신·전자·기계·건축·토목·환경 분야의 기사 1명 이상을 둘 것 3. 법 제26조제1항에 따른 지능형전력망 정보의 신뢰성과 안전성을 확보하기 위한 보호조치 계획을 갖출 것. 다만, 법 제22조에 따라 전력망개인정보를 수집·처리하는 자의 경우만 해당한다.	대용량 배터리에 전기를 저장하여 필요한 시기에 공급·판매하는 등 지능형전력망을 이용하여 서비스를 제공하는 사업

16) 신재생에너지법 제2조(정의) 제3호는 2014년 1월 "신에너지 및 재생에너지 설비란 신·재생에너지를 생산 또는 이용하거나 신·재생에너지의 전력계통 연계조건을 개선하기 위한 설비"라고 개정되었다. 신재생에너지법 시행규칙에서도 제2조 제12호에 "전력저장 설비: 신에너지 및 재생에너지(이하 "신·재생에너지")를 이용하여 전기를 생산하는 설비와 연계된 전력저장 설비"라고 명시하였다. 그리고 신재생에너지 설비인증제도는 법이 개정되어 산업표준화법에 따른 산업표준인증으로 통합되었다. 여기서 ESS가 신재생에너지설비에 포함된 것은 첫째, ESS설비 제조·시공업체의 관점에서 신재생에너지법 제10조에 따른 사업비지원을 받는다는 것과, 둘째, 신재생에너지발전업자 관점에서 태양광 또는 풍력설비연계 ESS의 경우 신재생에너지 공급의무화제도(RPS)에 따른 공급인증서(REC) 가중치가 최대 5까지 올라간다는 것이다.

전력을 버리지 않을 수 없었다. 반면, 피크 수요시간대에는 신재생에너지 이외의 에너지원으로 보충해야만 했다. 풍력발전량의 증가에 따라 전력수급의 불균형이 문제가 되자, 전기자동차의 배터리를 풍력발전의 저장고로 사용하는 EDISON 프로젝트[17]를 추진하였다.

표 4 ┃ 주요국 e-모빌리티 추진사항 중 V2G 관련 추진활동

국가	프로젝트	V2G 관련 추진 사항
독일	e-모빌리티	기존 전력망에 통합가능한 충전·제어·과금 인프라의 개발 인터페이스 오픈의 통신시스템, 중앙정보과금시스템, value chain 관련 비즈니스 모델 개발
	GridSurfer	EV와 에너지시스템의 통합 프로젝트 EV 저장능력을 전력공급망에 통합하는 방법에 대한 시범사업
	Harz.EE-mobility	전력공급망의 안전성, 공급의 안정성 및 경제성 등을 목적으로 e-모빌리티에 최대한 재생에너지를 사용하는 방법에 대한 연구
	MeRegioMobil	EV가 잉여전력을 배터리에 저장하고, 저장된 전력을 주택의 전력공급과 전력계통에 제공하는 최적의 옵션 연구
	Smart Wheels	인텔리전트 전력공급망과 도시 인프라에 통합하는 비즈니스 모델 및 정보통신 서비스의 연구 개발
영국	Low Carbon London	자택 이외의 장소에서 EV를 충전하는 경우, 정보의 제공과 충전비용에 대한 효율적 이용에 대한 연구
스페인	REVE	EV에 탑재된 배터리를 관리하여, 전력망 운용에 유용하게 쓰기 위한 전력 인프라 구축방법과 그 기술적·경제적 과제 검토 EV대량 도입시 에너지 시스템 에 대한 시나리오 분석 배터리 기술이나 EV개발 상황 및 제어센터 관련 신기술을 배전망에 연계하기 위한 기술 요건 검토 EV를 전력계통에 연계할 때, 현행 배전망에 필요한 적합조건에 관한 분석 EV와 에너지시스템간의 커뮤니케이션 기술 V2G 기술의 적용에 의한 EV 및 PHV의 저압전력망에의 연계에 대한 경제성 평가
	EV접속이 전력망에 미치는 영향	현재의 송배전망에서 EV의 단계적 도입이 미치는 영향과 문제점 분석

---

17) EDISON 프로젝트는 Electric vehicles in a Distributed and Integrated market using Sustainable energy and Open Network의 약자로, 전기자동차가 전력망과 지능적으로 교류하는 최적의 스마트 그리드 인프라 개발을 목적으로 한다. 2009년에 개시되었으며, 덴마크 국영 전력회사인 DONG에너지, 지멘스, IBM, Dansk Energi, Ostkraft, Eurico, DTU 등이 컨소시엄에 참여하였다.

EDISON 프로젝트는 스마트그리드를 이용하여 가정에 전력이 부족할 때는 전기자동차 배터리를 통해 역으로 전력 공급이 가능하도록 하는 전력 시스템을 핵심으로 한다. 이를 위해 전력 소모량을 계산할 수 있는 시스템을 갖춰, 자동차 소유자가 전기를 충전할 때에는 전기요금을 지불하지만, 전기를 다시 전력망으로 내보낼 때는 이익을 볼 수 있게 하였다.

V2G 사업자도 전력시장 신규사업자로서 진입을 허용하되, 그 기준을 지능형전력망법 시행령 별표에서 그 밖의 서비스 제공사업자로 분류하는 것이 좋을 것이다. 2011년 7월 유럽 에너지규제협력청(ACER)이 발표한 전력망 연결에 관한 기본 가이드라인에 따라, 이를 토대로 수립한 모든 발전사업자에 적용되는 전력망 연결 요건에 관한 네트워크 규정안[18]은 기존 사업자 외에도 주요 그리드 사용자를 송·배전계통에 연결할 수 있도록 허용하고 있다. 다만, 그 요건을 4가지 유형으로 구분함으로써, 이 같은 문제를 해결하였다. 덴마크의 EDISON 프로젝트도 이와 같은 규정에 근거하여 사업을 추진하였다.[19]

이와 같이 V2G의 신규진입을 허용하되, 사업자와 개인을 구분하여 사업자에 대해서는 덴마크 EDISON 프로젝트와 같이 '차량운영자'(fleet operator)의 개념을 도입하여 차량운영자에 대한 사업권 부여방식을 검토하도록 한다. 차량운영자는 EV 소유자와 충전조건, 관리수준, 지불 등에 대한 약정을 맺고 그가 계약한 EV 소유자의 정보를 교환·관리한다. 차량운영자의 비즈니스 기본모델은 충전 최적화와 EV의 유연성을 활용하는 것으로, 시스템에 대한 서비스(예: 송전계통 운영자를 위한 보조 서비스)를 제공하는 것이다. 이 경우 차량운영자는 EV와 전력판매업자간에 중개 역할을 한다. 그리고 고객은 이동통신서비스 비슷하게 자유롭게 차량운영자를 선택할 수 있게 한다. 차량운영자는 전력소매업체나 전력사용균형책임자(balancing responsible party: BRP)가 될 수도 있다.

우리나라에서는 전기차 보급을 통해 에너지비용 절감, 탄소배출 저감에 그치지 않고 전기자동차의 배터리를 에너지저장장치로 활용하여 계통피크 절감과

---

18) ENTSO-E, Network Code for Requirements for Grid Connection applicable to all Generators, 24 January 2012.

19) 정보통신산업진흥원, "덴마크, 풍력에너지 이용한 전기자동차 충전시스템 프로젝트 진행", 신성장동력 시장동향, 2011. 12월호.

에너지 효율화에 의한 에너지비용 절감을 도모하는 가상발전소(virtual power plant: VPP) 운영을 추진하고 있다.[20]

6. 각종 비판론에 대한 검토

스마트그리드 사업은 그 효과와 장점 못지않게 프라이버시의 침해와 같은 문제점에 대한 지적도 만만치 않다. 우리나라에서 실증사업까지 마친 스마트그리드 사업이 본궤도에 오르기 위해서는 그에 대한 오해와 편견부터 극복하지 않으면 안 될 것이다.

정부가 교통부문 온실가스를 줄이기 위해 2015년부터 전기차 구매자에게 보조금을 지급하고 이산화탄소 배출이 많은 자동차 구매자에게는 부담금(일명 "탄소세")을 부과하는 저탄소차 협력금 제도를 도입[21]하기로 한 바 있다. 그 후 전기차가 소비하는 전력을 생산하는 데 막대한 온실가스가 발생한다는 점에서 저탄소차 지원 제도는 단선적인 발상이라는 여론이 비등하였다.[22] 그러나 전세계적으로 하이브리드카나 전기차의 보급이 강제성마저 띠고, 우리나라의 대기오염물질 중에서 자동차의 배기가스에서 나오는 미세먼지가 상당 부분을 차지하면서 고탄소차의 운행 억제는 발등의 불이 되었다.

또한 최근에는 감사원이 신성장동력 에너지사업 추진실태를 감사하고 스마트그리드 확산사업 및 지능형 전력계량 인프라 구축사업에 대해 각각 '부적정' 감사의견과 함께 산업통상자원부와 한국전력공사에 조치할 사항을 요구한 바 있다.[23]

우선 스마트그리드 확산사업 추진에 대하여 살펴본다면, 산자부는 2012년 6월 "제1차 지능형전력망 기본계획"을 수립하면서 7대 광역경제권별 거점지구

---

20) 한국개발연구원 공공투자관리센터(PIMAC), 「스마트그리드 확산사업」, 2015, 11~13면.

21) 정부가 이산화탄소 배출이 많은 디젤과 가솔린 차량에 부담금을 부과하는 대신 전기차에 보조금을 지급하기로 한 것은 우리나라가 2020년까지 온실가스 배출량을 전망치(BAU) 대비 30% 감축한다는 중장기 목표를 달성하기 위한 교통부문의 대책이었다.

22) 예를 들면, 한국경제 사설 "전기차 육성? 눈에 안 보이면 없다는 것인지", 2013.11.16.

23) 감사원, 감사보고서–신성장동력 에너지사업 추진실태, 2016.12. <http://www.motie.go.kr/common>

위주로 AMI, ESS, EV(전기차) 충전인프라 등을 보급하기로 계획하였다. 여기서 스마트그리드는 AMI, EMS(에너지관리시스템), ESS, EV 등 다양한 기기와 시스템으로 구성되므로 다른 기기와 시스템 간의 연계와 융복합을 통해 시너지 효과를 가지는 것이 중요하고, 지역 단위의 스마트그리드 구축이 선행되어야 한다. 따라서 산업부가 확산사업을 추진할 때에는 기기와 시스템이 상호 융합하여 사업효과를 낼 수 있도록 상호운용성(interoperability)에 중점을 두고 핵심 기기에 대한 표준을 개발하여 사업 참여자가 준수하도록 할 필요가 있다. 그러나 2015년 4월 확산사업에 대한 KDI의 예비타당성 조사결과 경제성이 부족한 것으로 나타나자 전기차 충전 및 V2G, ESS 보급·연계사업 등 스마트그리드의 핵심사업들이 제외되고, 8개 컨소시엄이 EMS 기반 사업과 AMI 기반 전력재판매 사업, 연료전지를 활용한 신·재생 분산형 전원 구축사업 중 하나씩을 각각 수행하게 되어 당초 목표하였던 사업의 융합효과가 나타나기 어렵게 되었다.

감사원 감사 결과 EMS 구축사업이 컨소시엄별 확산사업에 포함되어 있으나 시스템 구성 등이 사업자별로 다르게 이루어지는 등 상호운용성이 떨어지는 것으로 나타났다. 이에 산자부는 확산사업의 취지에 부합하도록 전기차 충전·ESS 등 다양한 사업을 함께 추진하고, 핵심 기기의 표준제정·보급 및 상호운용성 확보방안을 보완하기로 했다.

감사원이 산자부와 한국전력에 대해 지능형 전력계량 인프라(AMI) 구축사업 추진이 부적정하다고 한 것도 AMI 구축사업의 문제점을 지적한 것이 아니었다. AMI를 원격검침에 활용하고, 고객에게 전력사용량 및 요금정보를 제공함으로써 전기사용량 절감을 유도하고 수요반응 효과를 일으켜 에너지절감을 촉진해야 함을 강조하였다. 더욱이 한국전력은 재개발 공사 예정지역에 AMI를 구축하였다가 1년도 못 되어 철거되는 바람에 사업비가 사장되는 일이 많았다. AMI의 설정오류 등으로 추가로 인력검침을 실시하여 인력검침 수수료가 비효율적으로 집행되는 사례를 지적한 것이다.

이 문제는 전기소비자가 전력사용량 정보에 관심을 갖고 에너지절감에 적극 동참할 수 있게 피드백을 자동화하거나, 검침오류 방지대책을 마련함으로써 해결할 수 있다. 그러므로 감사원 지적사항은 스마트그리드 사업 자체를 부정하는 것이 아니라 오히려 그 필요성을 확인한 것이라 볼 수 있다.

III. 스마트그리드 관련 법제정비 방안

1. 지능형전력망의 '전기설비'에 관한 규정

지능형전력망법에 규정된 "전기를 생산하여 전기사용자에게 공급하는 데에 필요한 전기설비"는 전기사업법에서 정의한 전기설비만을 의미하는가? 앞에서 설명한 전력저장장치(ESS)는 스마트그리드의 핵심 설비로서 2017년 2월 말 개정된 전기사업법 시행규칙에 따라 전기설비 및 발전설비로 명시하여 입법적으로 해결을 보았다.

지능형전력망법 제9조 제2항은 "산업통상자원부장관은 전환계획에 따라 「전기사업법」 제2조 제16호의 전기설비 및 「전기용품 및 생활용품 안전관리법」 (이하 "전기용품안전관리법") 제2조 제1호의 전기용품에 관한 제도 개선에 노력하여야 한다"고 규정하고 있다. 그런데 전기사업법 제2조 제16호는 다음과 같이 정의하고 있다. "전기설비"란 발전 · 송전 · 변전 · 배전 또는 전기사용을 위하여 설치하는 기계 · 기구 · 댐 · 수로 · 저수지 · 전선로 · 보안통신선로 및 그 밖의 설비(댐 · 저수지와 선박 · 차량 또는 항공기에 설치되는 것과 그 밖에 대통령령으로 정하는 것은 제외한다)로서 전기사업용 전기설비, 일반용 전기설비, 자가용 전기설비를 말한다.

그동안 ESS와 같은 스마트그리드 핵심 설비가 전기사업법 제2조 제16호의 "전기용품"의 3가지 유형에 포함되지 못하는가 하는 문제가 제기되었다. 이를테면 지능형전력망 기기 및 제품, 서비스, 건축물이 전기사업법상 전기설비에 해당하여, 전기사업법상 신고의무, 전기안전점검 의무, 전기설비유지 의무, 전기안전관리자 선임 의무가 있는지 문제가 되었다. 이에 대한 답은 일률적으로 정할 것은 아니고 전기사업법의 취지에 비추어 신고나 안전점검, 설비유지, 안전관리자 선임의 필요성이 있는 경우에 사안별로 정하면 될 것이다.

이 경우 세 가지 옵션이 있다. ① 지능형전력망의 안정성 및 상호운용성을 확보하기 위한 것이므로 해당 사업자들이 일정 규모에 달하면 협회 등을 구성하여 자율적으로 처리하는 방안, ② 등록 또는 인증을 받은 지능형전력망 기기 및 제품의 경우 전기사업법 제2조 제16호의 세 가지 전기설비 외에 별도로 추가하는 방안(예: 지능형 전력망용 전기설비), ③ 지능형전력망법에 별도로 등록·인증 기기 및 제품에 대한 신고나 안전점검, 설비유지, 안전관리자 선임의무 등을 규정하는 방안이 있다. 구체적인 종류와 범위는 시행령(제11조 인증의 기준)이나 시행규칙(제4조 인증신청 등)에 위임하여 지속적으로 반영하면 될 것이다.

큰 구도하에서 본다면 지능형전력망법은 지능형전력망 사업자 및 전기사용자의 기기 및 제품의 도입·교체 등에 관하여 시기별·단계별 전환계획을 수립·시행하도록 하였으므로 기존 전기설비는 궁극적으로는 지능형으로 전환하게 될 것이다. 그러므로 장기적으로는 충전사업자, ESS사업자 등을 모두 전기사업자로 인정하여 전기사업용 전기설비로 인정받게 하는 것이 좋을 것이다. 현행 지능형전력망법상 새로운 지능형전력망 설비라 하더라도 전기사업법상의 "전기설비" 또는 전기용품안전관리법상의 "전기용품"에 포함되어야 하므로, 전기사업용 전기설비로 인정받는 것이 바람직하다.

2. 스마트그리드 거버넌스의 구축

스마트그리드의 추진이 스마트미터기를 조기에 설치하는 것에 성패가 달려 있다면 여러 제약요인에도 불구하고 그 목적을 달성할 수 있게끔 책임 있는 기구를 정하여 투명하게 수행하게 하는 스마트그리드 거버넌스(協治)를 실시할 필요가 있다. AMI는 생산된 전력을 송배전망을 통해 합리적으로 전기를 소비할 수 있게 하는 것이므로 전체 전력망을 통해 유기적이고 협조적으로 시행되어야 효과를 거둘 수 있다. 그리고 전력망 내에서 문제를 일으키는 참여자는 전력공급 기준이 아니라 전체 전력망 운영의 관점에서 제재를 가하고 참여를 제한할 수 있어야 한다.[24] AMI 구축을 누가 관장할 것이냐, 그 설치비용 및 그에 따르는 문제는 어떻게 해결할 것인가가 관건이다.

---

24) 전력거래소, 앞의 용역보고서, 192면.

　　따라서 스마트그리드 거버넌스의 운영은 관할기관인 정부(산자부)가 담당하도록 한다. 그리고 가격(전력요금)을 매개로 수급을 조절할 수 있는 전력거래소가 거버넌스를 지원하는 역할을 맡는 것이 좋을 것이다.[25] 거래소는 전기사업법 제35조에 따라 설립된 법정 기구이자, 공공기관적 성격을 가지므로 공정성을 담보할 수 있다. 더욱이 생산된 전력을 생산자와 소비자 간에 그 사용량과 시간별로 매매거래를 주관하는 데다 전력의 최대공급량이 한정되어 있으므로 거래소의 기능에 비추어 전력수요의 가격탄력성에 따른 가격 통제가 가능하다. 계량 데이터를 수집·제공하므로 전력사용에 따른 과금사무도 용이하게 처리할 수 있다.[26]

　　현행 법제하에서 스마트그리드 사업자는 전기사업자가 아니므로(전기사업법 제2조 제10호) 신재생에너지 발전사업자는 따로 산업통상자원부장관의 허가를 받지 않는 한(동법 제7조 제1항) 신재생 발전으로 생산된 전력을 전력계통에 판매하기 어렵다.[27] 스마트그리드 사업자가 전기판매사업 등을 하려면 전기사업자로 등록을 해야 하는데 스마트그리드 구축 단계에서는 위에서 말한 스마트그리드 거버넌스를 활용하면 될 것이다. 전력거래소가 스마트그리드 거버넌스에 참여하여 전력계통을 안전하게 유지하면서 가격, 기타 조건 및 서비스가 네트워크를 통해 자동적으로 이루어지도록 할 필요가 있다. 전력거래는 전력계통의 보안과 아울러 통일적인 시스템의 관리가 중요하므로, 스마트그리드 사업자가 전력거래소가 운영하는 전력시장에서 전력거래를 할 수 있도록 전력거래소가 거버넌스를 통하여 지능형전력망 시장의 게이트키퍼 역할을 일부 담당하게 하는 것이다.[28]

---

25) 위의 용역보고서, 193면.
26) 호주 전력시장에서는 사용자가 전력회사를 임의로 선택할 수 있으므로 새로 서비스를 하게 된 전력회사는 통합계량·정산 시스템을 운영 중인 AEMO(호주에너지시장기구) 사업자로부터 과금사무 처리에 필요한 데이터를 직접 제공받아 차질 없이 서비스를 수행할 수 있다.
27) 태양광·풍력을 이용한 발전사업자들은 태양광·풍력에 대한 발전사업 허가를 득하고 사업을 영위한다.
28) 전력거래소는 전기사업법 제36조와 정관에 규정된 업무를 수행함에 있어 스마트그리드와 관련하여 다음과 같은 업무를 수행할 수 있다.
　　- 지능형 수요관리시장의 운영 및 다양한 수요반응(DR) 관리사업자의 육성
　　- 전력거래 시장의 활성화를 위한 수요측 가상발전기(VPP) 시장 참여
　　- 지능형전력망 환경에 맞는 에너지관리 시스템(EMS)의 개발 주도
　　- 신재생에너지 예측 시스템 구축 및 탄소배출권 거래소 운영

그림 1 ┃ 스마트그리드 기반구축의 추진 개념도

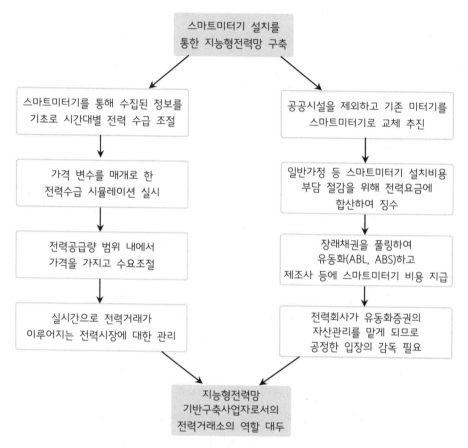

자료: 박훤일 작성, 「SG사업 활성화를 위한 개선방안 연구」, 한국전력거래소 용역보고서, 2012. 7, 194면.

　　한편 스마트그리드 거버넌스에 있어서도 기업지배구조와 마찬가지로 최고 의사결정기구 역시 필수적이다. 스마트그리드 사업에 있어서도 정부(산자부), 발전사업자, 송배전업자, 전력거래소, 전력사용자, 일반 국민의 이해관계를 조정하고 원만한 해결방안을 제시할 수 있는 기구가 필요하며, 우리나라 정부조직체계상 현행 산자부 전기위원회가 그 임무를 맡아야 할 것이다.

─────────

- 지능형전력망 정보의 총괄 운영
- 스마트미터기 비용을 유동화하는 경우 프로세스 모니터링

그 다음으로는 스마트미터기 설치비용을 누가 부담할 것인지가 문제된다. 전력요금이 계속 오르고 있는 시점에서 이를 전력사용자에게 부담시킨다면 아무리 그 이점을 강조한다고 해도 저항이 만만치 않을 것이다. 그러므로 스마트미터기의 설치비용을 일종의 좌초비용(stranded cost)[29]으로 인식하고 외국의 사례를 쫓아 유동화(ABS)하는 것이 바람직하다고 본다. 이 경우에도 전력거래소가 객관적으로 해당 자산의 집합(pooling) 및 자산관리를 모니터링하는 역할(최종적인 감독은 전기위원회)을 수행하면 좋을 것이다.

일찍이 전력산업을 민영화한 미국의 여러 州에서는 좌초비용에 대한 보상을 과도기적인 무체재산권(intangible transition property)으로 인정하고, 민간사업자가 전력소비자들로부터 장기간에 걸쳐 요금에 얹어 징수하는 것을 허용하였다. 이것은 장기간에 걸쳐 발생하는 현금흐름이므로 얼마든지 유동화(securitization)가 가능하다. 이미 1996년 스페인과 이탈리아의 전력회사들이 이러한 추가요금을 기초로 채권을 발행하였고, 2001년에도 미국의 PSE&G사가 뉴저지주에서 25억 달러의 유동화 증권을 발행한 사례가 있다.[30]

이와 관련하여 스마트미터기 설치비용을 장기간에 걸쳐 전력사용요금에 부가하여 징수할 수 있도록 그 근거규정은 적어도 대통령령에 두어야 할 것이다. 다만, 전기사업자가 파산하더라도 그 영향을 받지 않고 파산재단에 귀속되지 않는다(bankruptcy remoteness)는 것과 유동화전문회사(SPC)에 그 징수권을 양도하는 것이 절대 필요(absolute sale)하고, 이는 담보의 제공이 아니며, 수탁회사(trustee)에 의한 담보권 취득이 유효하고 강제집행할 수 있음을 명시하여야 한다. 또한 유동화증권의 원리금 상환 및 각종 수수료의 지급이 가능하도록 적어도 연 1회 이상 요금을 조정할 수 있는 장치도 마련해 두어야 한다. 전력요금의 통합고지서가 발부되는 경우에는 이를 징수하는 민간사업자, 전기판매업자 등 제3자에 대하여 최소한의 신용요건 또는 담보취득조건이 정해져 있어야 할 것이다.[31]

---

29) 본래 좌초비용이란 전력산업이 민영화되는 과정에서 경제성이 떨어져 시장에서는 달리 회수할 수 없는 기존 발전회사의 투자분을 비용으로 나타낸 것을 말한다. 박훤일, "전력산업 구조개편의 효율화를 위한 좌초비용의 유동화 방안", 상사법연구 제25권 1호, 2006.5, 127면 이하 참조.

30) Moody's, Pre-Sale Report, "PSE&G Stranded Utility Costs Securitization", Jan. 12, 2001.

31) 박훤일, 앞의 좌초비용 논문, 131면.

3. 법제도 운영의 유연성 제고

지능형전력망법은 전기사업법을 비롯한 전체 에너지 법제에 새로 편입되는 법규범이므로 전체 에너지법 체계와 조화를 이루는 것이 당연하다. 다른 한편으로 스마트그리드는 전력, 통신, 자동차, 가전, 건축물 등이 융합된 새로운 체제이므로 법적인 뒷받침 없이는 활성화되기 어렵고, 아직 첨단기술인 까닭에 국가가 마냥 강제할 수만도 없는 실정이다.

지능형전력망법령은 법제도 선진화 차원에서 법제처가 관계부처와의 긴밀한 협조하에 '사전입안지원(事前立案支援)' 방식으로 입법이 이루어졌다. 특히 시행령은 체계적합성의 원칙, 포괄적 위임입법 금지의 원칙, 명확성의 원칙, 사안적합성의 원칙 등을 고려하여 제정되었다.

지능형전력망법과 전기사업법의 관계를 놓고 본다면 지능형전력망법이 특별법의 지위에 있다. 기존 전기사업법은 발전 → 송전 → 배전 → 판매의 일방향 전력사업을 근간으로 법체계가 구성된 결과 ESS와 같이 수전−발전을 양방향으로 수행하는 신기술 사업은 일방향적인 법체계에서는 수용이 어려운 실정이다. 또한 전기사업법 제7조 제3항은 동일인에게 두 종류 이상의 전기사업을 허가할 수 없도록 하고 있어 발전사업자인 동시에 전기판매자인 지능형전력망 사업자는 두 가지 사업을 할 수 없게 되어 있다. 이러한 현상은 신기술이 나오기 전에 제정된 전기사업법이 '전기사업'과 '전기기술'을 함께 규정한 나머지 법률과 시행령, 시행규칙에 신기술을 이용한 전기사업을 새로 규정하기까지 상당한 시일을 요하기 때문이다.

신법인 지능형전력망법이 전기사업법에 우선한다 하고 이를 적용하기에는 그 효과가 실증되지 않는 한 시장 상실을 우려하는 기존 전기사업자들이 반대할 가능성이 많다. 한국전력도 지능형전력망 사업자를 전력계통에 받아들이는 데 소극적이며, 전력 공급약관이나 요금체계에도 이를 반영하지 않은 상태이다. 마찬가지로 기존 전기사업법상의 용어에 지능형전력망법에 규정된 신기술·장치가 포함된다고 해석하는 것도 법적 안정성을 해친다며 기존 전기사업자들이 반발하고 있다. 예컨대 지능형전력망 신기술인 ESS에 대하여 유관법령에 법적·기술적 정의가 없는바, 일단 전기사업법에 의한 전기설비[32])로 인정받게 되었다.

이러한 문제는 이른바 '셰브론 원칙'을 적용하여 해결할 수 있을 것이다. 국내외적으로 스마트그리드 사업의 성공 여부, 진척상황이 명확히 드러나 있지 않고 표준화도 이루어지지 상황에서 전기사업법부터 서둘러 개정하기는 곤란하다.[33]) 일단 기존 법령의 규정의 의미가 명확하지 않은 경우에는 이를 주무관청의 해석을 따르기로 한다는 '행정판단 존중'(Chevron Deference)의 원칙에 따라 해석을 시도해보자는 것이다.

우리나라에서도 '전력망', '전기설비' 등의 해석을 둘러싸고 셰브론식 해석을 할 수 있으나, 현시점에서 스마트그리드 사업의 방향을 설정하고 거래질서를 확립한다는 견지에서 최소한의 기준을 마련할 필요가 있다고 본다. 그러므로 법률에 규정이 없거나 불일치, 모호한 규정이 있는 경우에는 스마트그리드 사업 자체가 혼란에 빠질 수 있으므로 주무부처에서 시행령, 시행규칙, 고시를 통해서라도 기준과 질서를 잡도록 해야 한다. 장기적으로는 배전시장의 개방 등 지능형전력망 사업자가 시장에 참여할 수 있도록 전기사업법을 개정하되, 단기적으로는 전체 전력망 중에서 지능형전력망의 비중이 10%, 20%에 이를 때 단계적으로 규율의 형식과 내용을 달리하는 것이 바람직하다고 본다.

그 밖에 스마트그리드 보급에 따른 사생활 침해 가능성이나 전기사용자의 이익보호에도 만전을 기해야 한다. 지능형전력망 정보에는 구체적으로 생산자 정보인 가격과 사용자 기기의 ID, 이의 부하 및 사용 여부 같은 정보가 포함된다. 그러므로 전기제품의 고유번호, 해당 기기의 사용 여부, 사용 시간, 용도 등 개인정보에 속한 사항을 보다 명확히 할 필요가 있다. 또한 전기사업법 제4조, 제14조의 전기사용자의 이익보호 및 전기공급의 의무가 서로 충돌할 가능성도

---

32) ESS가 전기설비, 전기사업에 해당하는지의 여부에 관하여 전기사업법은 전기설비와 관련하여 포괄적으로 정의하고 있으며 특정설비에 대해서는 규정하고 있지 않다. 반면 ESS는 발전, 송전, 배전, 자가용 등 다양한 용도로 이용 가능하고, 설비의 목적 및 소유에 따라 사업자용, 자가용, 일반전기설비로 구분된다. 한편 현행 전기사업법 제31조(전력거래) 및 법 제39조(회원의 자격)에 따르면 발전사업자, 판매사업자, 구역전기사업자, 대규모소비자(3만kVA 이상), 자가용전기설비설치자만 전력거래를 할 수 있게 되어 있다.

33) 정부는 스마트 그리드 사업의 활성화를 위하여 종래 발전·판매의 겸업을 금지해 온 규제를 일부 완화하기로 하고 관련 정부입법을 준비 중이라고 밝힌 바 있다. 유재국, 「스마트그리드 사업의 현황과 개선 과제」(현안보고서 Vol. 294), 국회입법조사처, 2016.6.30, 12~13면.

있다. 불완전한 스마트그리드 기술을 소비자에게 적용함으로써 소비자 피해를 입힐 수도 있느니 만큼 사업자와 소비자들 사이의 분쟁조정 장치를 마련하고, 거점지구의 주민들이 다른 지역의 주민들에 비하여 손실을 입지 않도록 관련 규정을 정비해야 할 것이다.[34]

4. 스마트그리드 중앙정보센터의 운영

스마트그리드의 주요 축인 스마트미터기의 설치 · 운영에 있어서 개인정보 보호 문제가 걸림돌이 되고 있다. 이와 관련된 전력소비자의 개인정보의 수집 · 이용과 관련하여 지능형전력망법 외에도 개인정보보호법이 적용된다. 개별법에 따라 분야별로 개인정보보호를 위한 특별한 시스템, 정보센터를 두고 있는 것을 고려하여[35] 개인정보보호에 대한 논란을 차단하고 보다 효율적인 관리를 위해 별도의 센터를 설립하여 운용하는 것이 바람직하다.

영국의 경우, 스마트미터기의 도입으로 인한 소비자의 에너지 소비량 데이터 보호의 중요성을 인식하고, 개인정보보호법(Data Protection Act 1998)의 개정과 더불어 데이터 관리 및 커뮤니케이션 센터(Data and Communications Company: DCC) 설치를 서둘러야 했다. 영국 에너지 · 기후변화부(DECC)는 DCC의 운영을 통해 스마트미터기로부터 전송되는 정보를 센터와의 쌍방향 통신을 실현하도록 했다.[36] DCC의 기능과 역할에 있어서는 그 핵심적인 기능으로 정보관리 서비스, 미터기 등록,[37] 효율적인 데이터의 교환에 필요한 허브 역할 등이 포함된다. 또한 영국정부는 DCC가 독점적 라이센스를 받아 중앙데이터센터를 운용하되, 가스 · 전력시장관리국(Office of the Gas and Electricity Markets: Ofgem)이 직접 관리

---

34) 유재국, 앞의 보고서, 24면.

35) 교육과학기술부는 '교육정보시스템'(NEIS), 보건복지부는 응급의료정보센터, 방송통신위원회는 위치정보심의위원회를 각각 두고 있다.

36) 에너지경제연구원, "영국 전력시장 제도개편 움직임", 세계 에너지시장 인사이트 제13-13호 2013.4, 13~15면.

37) 현재는 네트워크 회사가 그 역할을 담당하고 있고, 가스의 경우 Xoserve사가 하고 있다. 미터기의 등록은 에너지 공급사를 변경하는 과정에서 매우 중요하다.

하도록 하였다.[38)]

우리나라에서도 외국의 사례를 참조하여 전력계통의 컨트롤 타워로서 각종 전력사용 데이터를 활용하여 서비스를 제공하고 부가가치를 창출하는 과정을 효율적으로 관리하고 지원하는 동시에 개인정보 보호에 만전을 기할 수 있는 '지능형전력망 중앙정보센터'를 설치할 필요가 있다고 본다. 이는 전력거래소 산하에 중앙전력관제센터를 두어 24시간 전력계통을 감시·제어하고 실시간 수급 균형 및 품질유지를 담당하는 것과 시스템이나 기능이 매우 유사하다. 스마트그리드 개인정보[39)]도 거버넌스 주체의 책임하에 수집하고 관리하면 될 것이다.[40)]

5. 스마트그리드의 계통화

스마트그리드를 구축할 때에는 스마트미터기의 설치와 관련하여 다음 사항을 고려하여야 한다.

- 전력수요의 가격탄력성(price elasticity)이 커서 스마트미터기의 설치를 의무화하더라도 저항이 적을 것인가.
- 전력사용자가 스마트미터기의 설치비용을 부담할 수 있는가.
- 스마트미터기 설치비용을 일단 지능형전력망 사업자가 부담하고 이를 장기간에 걸쳐 회수할 수 있을 것인가.
- 특히 개인정보에 민감한 일반 주택과 아파트, 주상복합 건물의 전력소비자들을 따로 관리할 수 있는가.

---

38) 보다 자세한 내용은 Ofgem 홈페이지<http://www.ofgem.gov.uk/> 참조.

39) 스마트그리드 개인정보는 시간대별 전력사용량, 사용료에 관한 것이 대부분이고 정보주체와 그 소재는 익명처리하는 것을 원칙으로 한다면 전력거래소가 담당하여도 별 문제가 없을 것이다. 박훤일·윤덕찬, 앞의 논문, 276면.

40) 스마트그리드에서의 개인정보 보호를 위한 관리적·기술적 보호조치 기준(고시)을 마련하여야 한다는 견해가 있다. 이철환·홍석원·이명호·이태진, "한국형 스마트그리드를 위한 정보보호 체계 및 대책", Internet and Information Security, 제2권 1호, 2011.5, 86~87면; 향후에는 이와 같은 지능형전력망 중앙정보센터의 운영규정에 이러한 기준을 포함하는 것이 필요할 것으로 판단된다.

표 5 ┃ 스마트그리드의 사용자별 구분 계통화

그룹	전력사용자	특 성	미터기 설치 및 비용부담
A	공장 및 산업시설	가격에 따른 전력수요의 변동이 크고 경우에 따라서는 제한송전도 가능	1차 적용대상 사용자부담
B	사무용 건물, 상가	전력을 사용하는 시간대가 일정하며 가격이 올라도 전력수요가 크게 줄지 않음	1차 적용대상 사용자부담 가능
C	주상복합 건물, 고급/고층 아파트	야간에도 기본적으로 전력을 많이 사용하며 가격이 오르면 전력수요가 크게 감소	1차 적용대상 사업자부담
D	일반 주택	전력수요가 비교적 일정하며 가격을 올릴 경우에 저항이 큼	2차 적용대상 사업자부담
E	병원 및 공공/교통시설	가격에 관계없이 일정한 전력수요가 발생하며 어떠한 경우에도 단전 불가	적용 예외

스마트그리드의 구축은 1차적으로 가격에 따라 전력사용량이 크게 달라지는 A, B, C 그룹을 대상으로 한다. 즉, 전력사용자가 스마트미터기 설치비용을 부담할 수 있는 A 그룹에 대하여는 비용의 일부를 보조하는 방식으로, 설치비용을 장기간에 걸쳐 회수하여야 하는 B, C 그룹에 대하여는 전력요금에 부가하는 방식으로 추진하면 좋은 반응을 얻을 수 있을 것이다.[41]

스마트미터기의 설치 대상이 많고 전력수요의 가격탄력성이 별로 크지 않은 D 그룹에 대하여는 스마트그리드의 구축을 서두르지 않아도 된다. D 그룹은 개인정보의 수집이 논란이 될 수 있으므로 스마트미터기의 설치는 보안대책이 마련되었을 때 해도 늦지 않다. 가격에 관계없이 항시 전력을 안정적으로 공급해야 하는 E 그룹에 대하여는 굳이 스마트그리드를 구축할 필요가 없다고 본다.

---

41) B, C 그룹은 숫적으로도 많을 뿐만 아니라 전기요금이 오르면 전력소비를 줄이는 성향, 즉 전력소비의 가격탄력성이 크므로 특별히 취급할 필요가 있다.

IV. 맺음말

한동안 21세기 성장산업으로 일컬어지던 스마트그리드 사업이 국내외적으로 소강국면에 처해 있다. 신재생에너지 개발과 전기차 보급에 열을 올리던 구미 각국은 재정위기로 이에 대한 보조금을 삭감하였고, 우리나라에서는 창조경제에 대한 논의만 무성했지 대표적인 융·복합 과제인 스마트그리드 사업계획은 불투명한 데다 경제성도 미흡하다는 평가를 받았다.[42] 게다가 기대를 모았던 스마트미터기의 보급도 개인정보수집에 따른 국내외의 논란이 충분히 해소되지 않은 상태이다. 그나마 활기를 띠는 것은 디젤 발전에 의존해 온 120개가 넘는 큰 도서의 마이크로그리드 구축 사업이다.

그렇다고 스마트그리드 사업에 대한 수요가 사라진 것은 아니다. 우리나라의 경우에도 동·하절기 성수기 때마다 전력부족 사태에 직면하여 전력사용의 효율을 높이기 위한 노력이 요청되고 있다. 앞으로 친환경 정책기조하에 원자력 발전이나 석탄화력 발전에 대한 의존도를 줄이게 되면 신재생에너지 못지않게 스마트그리드에 대한 수요가 크게 늘어날 전망이다. 이 글은 스마트그리드 사업이 IT를 접목하여 산업 간의 융합을 꾀하고 스마트미터기와 AMI, ESS, 전기차 등의 보급이 해당 산업뿐만 아니라 관련 산업과 자본시장에서도 새로운 시장과 제품 및 서비스의 수요를 창출하거나 확대할 수 있을 것으로 보았다. 이미 한국전력은 물론 삼성그룹, LG그룹 등에서도 AMI, ESS, 전기차 배터리 등을 신수종 사업으로 선정하여 투자를 늘리고 있으며, 지능형전력망협회에 따르면 여타 스마트그리드 관련 기업들도 본격적인 제품생산 단계에 들어가 있다.

이제 스마트그리드 사업은 정보기술을 매개로 하여 산업간 융·복합을 통한 새로운 비즈니스를 창출할 수 있도록 적극적으로 추진할 필요가 있다고 본다. 김대중 정부가 전국에 초고속 통신망을 설치하여 산업의 정보화를 촉진하였던 것처럼 일단 스마트미터기 설치와 AMI 구축을 서둘러 새로운 스마트그리드

---

42) PIMAC에서 스마트그리드 확산사업에 대한 예비타당성 조사를 실시한 결과 EMS기반의 수요관리 사업을 제외하고는 비용편익분석 결과 경제성이 없는 것으로 나타났다. 한국개발연구원, 각주 20)의 보고서; 유재국, 앞의 보고서, 27면.

제품과 서비스, 시장이 속속 생겨나도록 해야 할 것이다.43)

　　이를 위해서는 정부의 지능형 전력망 기본계획44)에 따라 단계적으로 스마트그리드를 구축하되 스마트그리드 수요 패턴에 따른 다양한 수요관리 상품을 개발하고, 새로운 수요에 따른 관련 산업의 진흥을 도모하여야 한다. 나아가 광역단위 스마트그리드를 구축하여 거점도시에서 검증된 기술과 사업모델을 광역단위로 확대 실시한다. 마지막 단계에서는 국가단위의 스마트그리드를 구축하도록 한다. 앞서 말한 스마트그리드 거버넌스의 주체가 사업 본연의 목적을 달성할 수 있도록 지속적으로 피드백하여 수정·보완을 하는 한편 유관기관을 통해 스마트그리드에 관한 대국민 교육·홍보를 게을리하지 말아야 할 것이다.

---

43) 스마트그리드를 인터넷에 빗대어 "일렉트라 넷"이라고 하는데, 인터넷이 정보를 처리하고 저장하고 공유하는 많은 기기를 만들어 냈듯이 스마트 그리드 역시 전력시장에 전기 생산, 배전, 저장 관련 시설을 만들어 낼 것이다. 한국전력거래소, 앞의 보고서, 215면.

44) 지식경제부, 「지능형 전력망 제1차 기본계획」, 2012.7.18; 산업통상자원부, 「2014년도 지능형 전력망 시행계획」, 2014.9.25. 및 「2017년도 전력산업기반조성사업 시행계획」, 2017.1.17.

참고문헌

고동수, 「주요국의 스마트그리드 추진현황과 정책적 시사점」, 산업연구원 Issue Paper 2011-267, 2011.3.

김지희, "해외 AMI 비즈니스 모델 및 소비자 서비스 사례 분석", 전기저널 2016.10월 호, 2016.10.

김현제·박찬국·김광석, 「스마트그리드 구축을 위한 시장참여자의 역할과 정책방향」, 2010.

박훤일, "전력산업 구조개편의 효율화를 위한 좌초비용의 유동화 방안", 상사법연구 제25권 1호, 2006.5.

_____, "우리나라 스마트그리드 사업의 활성화를 위한 전제조건", 경희법학 제48권 2 호, 2013.6.30.

박훤일·윤덕찬, "스마트그리드 사업과 개인정보보호 – 스마트그리드 거버넌스의 제 안", 기업법연구 제26권 2호, 2012.6.30.

양용석, "한국형 스마트그리드 구축을 위한 법·제도적 개선과제," 정보통신산업진흥원 「주간기술동향」, 2011.5.6.

유재국, 「스마트그리드 사업의 현황과 개선 과제」(현안보고서 Vol. 294), 국회입법조 사처, 2016.6.30.

윤덕찬, "지능형전력망법의 주요 내용과 향후 개선과제", 에너지경제연구원 「에너지포 커스」 제9권 제2호(통권 44호), 2012.7.

이순정/김철환, "전력저장장치(ESS)와 V2G 동향 및 전망", 조명·전기설비학회지, 제 28권 제4호, 한국조명·전기설비학회지, 2014.

이철환·홍석원·이명호·이태진, "한국형 스마트그리드를 위한 정보보호 체계 및 대 책", Internet and Information Security 제2권 1호, 2011.5.

이창범, "스마트그리드의 활성화를 위한 법제 개선방안", 한국법제연구원 「법제연구」, 2011.6.

홍완식, "스마트그리드 입법에 관한 고찰", 법학연구 제45집, 2012.2.

감사원, 감사보고서 – 신성장동력 에너지사업 추진실태, 2016.12.

산업통상자원부, 「2017년도 전력산업기반조성사업 시행계획」, 2017.1.17.

_____, 「2014년도 지능형전력망 시행계획」, 2014.9.25.

에너지경제연구원, "영국 전력시장 제도개편 움직임", 「세계에너지시장 인사이트」 제 13－13호 2013. 4.

_____, "2015년 세계 스마트그리드 투자실적 및 향후 전망", 「세계에너지시장 인사이트」제16－15호, 2016. 4.

정보통신산업진흥원, "덴마크, 풍력에너지 이용한 전기자동차 충전시스템 프로젝트 진행", 「신성장동력 시장동향」, 2011.12.

한국스마트그리드협회, 「스마트그리드 기술동향보고서」, 2010.

한국전력거래소, 「SG사업 활성화를 위한 기반구축사업자의 역할 및 유관 법제도 개선방안 연구」, 2012.7.23.

한국전력공사 전력연구원, 「스마트그리드 산업 육성을 위한 기반구축 방향 수립」, 2010.6.

환경부, 「미세먼지, 도대체 뭘까? － 바로 알면 보인다」, 2016.4.

ACER(Agency for the Cooperation of Energy Regulators), Framework Guidelines on Electricity Grid Connections, July 2011.

DECC "Smart Metering inplementation programme: prospectus document", 2010.

Gerald Kaendler, Code Development Process and Status: Convener of the WG European Planning Standards, ENTSO－E, Public Consultation Workshop on NC RfG, February 2012.

European Commission, Set of common functional requirements of the smart meter, October 2011.

Vasconcelos, J, Survey of regulatory and technological developments concerning smart metering in the european union electricity market, 2008.

European University Institute, Survey of Regulatory and Technological Developments Concerning Smart Metering in the European Union Electricity Market, RSCAS Policy Papers, 2008.

日本 経済産業省, 諸外国等における個人情報保護制度の監督機関に関する検討委員会・報告書, 2011. 3.

주제어: 스마트그리드(지능형 전력망), 정보기술, 스마트미터기, 에너지저장장치(ESS), 전기차(EV), 시범단지와 거점도시, 스마트그리드 거버넌스, 좌초비용

Key Words: smart grid, information and communications technology (ICT), smart meter, energy storage system (ESS), electric vehicle (EV), test bed and hub city, smart grid governance, stranded cost

스마트그리드 법정책

부록1 지능형전력망의 구축 및 이용촉진에 관한 법률

부록2 지능형전력망의 구축 및 이용촉진에 관한 법률 시행령

부록3 지능형전력망의 구축 및 이용촉진에 관한 법률 시행규칙

지능형전력망의 구축 및 이용촉진에 관한 법률(약칭: 지능형전력망법)

[시행 2017.1.28.] [법률 제13859호, 2016.1.27., 타법개정]

산업통상자원부(전력진흥과) 044-203-5265

제1장 총칙

제1조(목적) 이 법은 지능형전력망의 구축 및 이용촉진을 함으로써 관련 산업을 육성하고 전 지구적 기후변화에 능동적으로 대처하며 저탄소(低炭素) 녹색성장형 미래 산업의 기반을 조성하여 에너지 이용환경의 혁신과 국민경제의 발전에 이바지함을 목적으로 한다.

제2조(정의) 이 법에서 사용하는 용어의 뜻은 다음과 같다. <개정 2013.3.23.>

1. "전력망"이란 전기를 생산하여 전기사용자에게 공급하는 데에 필요한 전기설비와 이를 통제·관리하는 체계를 말한다.

2. "지능형전력망"이란 전력망에 정보통신기술을 적용하여 전기의 공급자와 사용자가 실시간으로 정보를 교환하는 등의 방법을 통하여 전기를 공급함으로써 에너지 이용효율을 극대화하는 전력망을 말한다.

3. "지능형전력망 정보"란 지능형전력망의 구축 및 이용을 위하여 광(光) 또는 전자적 방식으로 처리되어 부호, 문자, 음성, 음향 및 영상 등으로 표현된 모든 종류의 자료 또는 지식을 말한다.

4. "지능형전력망 기술"이란 지능형전력망의 구축 및 이용에 관한 기술로서 산업통상자원부령으로 정하는 것을 말한다.

5. "지능형전력망 사업"이란 지능형전력망의 구축 및 이용에 관한 재화(財貨) 또는 지능형전력망을 이용한 서비스를 제공하는 사업으로서 다음 각 목의 어느 하나에 해당하는 사업을 말한다.

　　가. 지능형전력망 기반 구축사업

　　나. 지능형전력망 기기 및 제품 제조사업

　　다. 지능형전력망 서비스 제공사업

6. "지능형전력망 사업자"란 지능형전력망 사업을 영위하는 자를 말한다.

제3조(정부 등의 책무) ① 정부는 지능형전력망 사업에 대한 규제를 개선하고, 민간투자를 유도할 수 있는 환경을 조성하여 지능형전력망 산업의 체계적 성장을 위한 시책을 마련하여야 한다.

② 지능형전력망 사업자는 지능형전력망 산업의 체계적 성장을 위한 정부의 시책에 참여하고 협력하여야 한다.

제4조(다른 법률과의 관계) 지능형전력망의 구축·이용, 지능형전력망 정보의 수집·활용 및 보호에 관하여는 「정보통신망 이용촉진 및 정보보호 등에 관한 법률」 등 다른 법률에 특별한 규정이 있는 경우를 제외하고는 이 법에서 정하는 바에 따른다.

제2장 지능형전력망 기본계획 등

제5조(지능형전력망 기본계획의 수립·시행) ① 정부는 지능형전력망의 구축 및 이용촉진에 관한 기본계획(이하 "기본계획"이라 한다)을 5년마다 수립·시행하여야 한다.

② 기본계획에는 다음 각 호의 사항이 포함되어야 한다.

　　1. 지능형전력망의 중장기 정책목표 및 방향에 관한 사항

　　2. 지능형전력망 기술의 개발, 실증(實證), 보급 및 확산에 관한 사항

　　3. 지능형전력망의 운영 및 이용에 관한 사항

　　4. 지능형전력망 산업의 진흥에 관한 사항

　　5. 지능형전력망의 표준화, 시험·검사 및 인증에 관한 사항

　　6. 지능형전력망 전문인력의 양성에 관한 사항

7. 지능형전력망 산업의 국외 진출 및 국제협력에 관한 사항

8. 지능형전력망 정보의 보호 및 안정성 확보에 관한 사항

9. 지능형전력망에 대한 투자에 관한 사항

10. 지능형전력망의 제도개선에 관한 사항

11. 그 밖에 지능형전력망의 구축 및 이용촉진을 위하여 필요한 사항

③ 정부는 기본계획을 수립하거나 변경하려는 경우에는 「저탄소 녹색성장 기본법」 제14조에 따른 녹색성장위원회의 심의를 거쳐야 한다. 다만, 대통령령으로 정하는 경미한 사항을 변경하려는 경우에는 그러하지 아니하다.

④ 제1항부터 제3항까지에서 규정한 사항 외에 기본계획의 수립·시행 등에 필요한 사항은 대통령령으로 정한다.

제6조(지능형전력망 시행계획의 수립 · 시행) ① 산업통상자원부장관은 기본계획을 이행하기 위하여 지능형전력망의 구축 및 이용촉진에 관한 시행계획(이하 "시행계획"이라 한다)을 매년 수립·시행하여야 한다. <개정 2013.3.23.>

② 시행계획에는 다음 각 호의 사항이 포함되어야 한다.

1. 기본계획의 해당 연도 추진을 위한 세부 실행계획

2. 기본계획과 관련 있는 다른 계획 및 정책의 조정에 관한 사항

3. 해당 연도의 추진목표 및 성과관리에 관한 사항

4. 관계 중앙행정기관, 지방자치단체, 그 밖에 지능형전력망의 구축 및 이용촉진에 참여하는 법인·단체 또는 기관의 역할에 관한 사항

5. 그 밖에 지능형전력망의 구축 및 이용촉진을 위하여 필요한 사항

③ 제1항 및 제2항에서 규정한 사항 외에 시행계획의 수립·시행에 필요한 사항은 대통령령으로 정한다.

제7조(사전협의) 중앙행정기관, 지방자치단체 또는 대통령령으로 정하는 기관이 지능형전력망의 구축 및 이용에 관한 계획을 수립·시행하려는 경우에는 미리 산업통상자원부장관과 협의하여야 한다. <개정 2013.3.23.>

제8조(지능형전력망 통계의 작성 및 공개) ① 산업통상자원부장관은 지능형전력망에 관한 계획을 효율적으로 수립·시행하기 위하여 통계청장과 협의하여 지능형전력망에 관한 통계를 작성·관리하여야 한다. <개정 2013.3.23.>

② 산업통상자원부장관은 지능형전력망의 이용을 촉진하기 위하여 제1항에 따른 통계를 공개하여야 한다. 다만, 「공공기관의 정보공개에 관한 법률」 제9조에 따른 비공개대상정보는 그러하지 아니하다. <개정 2013.3.23.>

제9조(지능형전력망 전환계획의 수립 등) ① 산업통상자원부장관은 전기공급자와 전기사용자의 참여를 보장하기 위하여 필요한 경우에는 지능형전력망 사업자 및 전기사용자의 기기 및 제품의 도입·교체 등에 관한 시기별·단계별 전환계획(이하 "전환계획"이라 한다)을 수립·시행할 수 있다. <개정 2013.3.23.>

② 산업통상자원부장관은 전환계획에 따라 「전기사업법」 제2조제16호의 전기설비 및 「전기용품 및 생활용품 안전관리법」 제2조제1호의 전기용품에 관한 제도 개선에 노력하여야 한다. <개정 2013.3.23., 2016.1.27.>

③ 산업통상자원부장관은 전환계획을 효율적으로 시행하기 위하여 필요한 경우에는 대통령령으로 정하는 바에 따라 대상 지역, 대상 기기 및 제품, 대상 서비스, 대상 사업자 등을 지정하여 필요한 행정적·재정적 지원을 할 수 있다. <개정 2013.3.23.>

④ 산업통상자원부장관은 전환계획을 수립한 경우에는 지체 없이 관보에 고시하여야 한다. <개정 2013.3.23.>

제10조(연구개발의 지원) 정부는 지능형전력망에 관한 연구개발을 활성화하기 위하여 다음 각 호의 어느 하나의 사항을 수행하는 자에게 필요한 행정적·재정적 지원을 할 수 있다.

1. 지능형전력망 기술의 개발

2. 지능형전력망 관련 교육과정의 개발 및 인력 양성

3. 그 밖에 지능형전력망에 관한 연구개발을 활성화하기 위하여 대통령령으로 정하는 사항

제11조(국제협력의 추진 등) ① 산업통상자원부장관은 기후변화에 대한 국제적 대응을 선도하고, 지능형전력망 사업의 국외 진출을 촉진하기 위하여 지능형전력망에 관한 국제적 동향을 파악하고 국제협력을 추진하여야 한다. <개정 2013.3.23.>

② 산업통상자원부장관은 지능형전력망 사업의 국제협력을 추진하기 위하여

지능형전력망과 관련된 기술 및 인력의 교류, 국제표준화 및 국제공동연구 개발 등의 사업을 지원할 수 있다. <개정 2013.3.23.>

제3장 지능형전력망의 기반 조성 및 이용촉진

제12조(지능형전력망 사업자의 등록 등) ① 다음 각 호의 어느 하나에 해당하는 지능형전력망 사업을 하려는 자는 대통령령으로 정하는 바에 따라 전문인력, 자본금 등의 등록기준을 갖추어 산업통상자원부장관에게 등록하여야 한다. <개정 2013.3.23.>

1. 지능형전력망 기반 구축사업

2. 지능형전력망 서비스 제공사업

② 제1항에 따라 등록한 사항 중 대통령령으로 정하는 중요 사항을 변경하려면 변경등록을 하여야 한다.

③ 제1항 및 제2항에 따른 등록 및 변경등록의 절차, 방법, 그 밖에 등록에 필요한 사항은 대통령령으로 정한다.

제13조(등록 취소) 산업통상자원부장관은 제12조제1항에 따라 등록한 지능형전력망 사업자가 다음 각 호의 어느 하나에 해당하면 등록을 취소할 수 있다. 다만, 제1호에 해당하는 경우 그 등록을 취소하여야 한다. <개정 2013.3.23.>

1. 거짓이나 그 밖의 부정한 방법으로 등록한 경우

2. 제12조제1항에 따른 등록기준에 미달하게 된 경우

3. 제12조제2항을 위반하여 중요 사항에 관한 변경등록을 하지 아니한 경우

4. 거짓이나 그 밖의 부정한 방법으로 이 법에 따른 지원을 받거나 지원받은 자금을 다른 용도로 사용한 경우

제14조(투자비용의 지원 등) ① 정부는 제12조제1항에 따라 등록한 지능형전력망 사업자가 대통령령으로 정하는 바에 따라 지능형전력망의 공공성, 안전성 등 공익의 실현에 필요한 투자를 하는 경우에는 그 비용의 전부 또는 일부를 지원할 수 있다.

② 제1항에 따른 지원에 필요한 비용은 다음 각 호의 어느 하나의 기금 또는 예산으로 지원할 수 있다. <개정 2014.1.1.>

1. 「전기사업법」 제48조에 따른 전력산업기반기금

2. 「정보통신산업 진흥법」 제41조에 따른 정보통신진흥기금

3. 「에너지 및 자원사업 특별회계법」에 따른 에너지 및 자원사업 특별회계

제15조(인증) ① 산업통상자원부장관은 지능형전력망의 안정성 및 상호 운용성을 확보하기 위하여 산업통상자원부령으로 정하는 바에 따라 다음 각 호의 사항에 관하여 인증을 할 수 있다. <개정 2013.3.23.>

1. 지능형전력망 기기 및 제품

2. 지능형전력망 서비스

3. 지능형전력망 기기 및 제품 등이 설치된 건축물

② 제1항에 따른 인증의 기준(이하 "인증기준"이라 한다)은 관계 중앙행정기관과 미리 협의하여 대통령령으로 정한다.

③ 산업통상자원부장관은 인증을 받은 자가 다음 각 호의 어느 하나에 해당하면 그 인증을 취소하여야 한다. <개정 2013.3.23.>

　1. 거짓이나 그 밖의 부정한 방법으로 인증을 받은 경우

　2. 제2항에 따른 인증기준에 미달하게 된 경우

④ 제1항에 따라 인증을 받은 자는 산업통상자원부령으로 정하는 바에 따라 해당 지능형전력망 기기 및 제품 등에 인증의 표시를 하거나 인증을 받은 것을 홍보(인터넷 등 전자적 방식에 의한 홍보를 포함한다. 이하 같다)할 수 있다. <개정 2013.3.23.>

⑤ 제1항에 따라 인증을 받지 아니한 자는 제1항에 따른 인증의 표시 또는 이와 유사한 표시를 하거나 인증을 받은 것으로 홍보하여서는 아니 된다.

제16조(인증기관) ① 산업통상자원부장관은 제15조제1항에 따른 인증을 효율적으로 하기 위하여 전문인력, 재정능력 등 대통령령으로 정하는 기준에 맞는 자를 인증기관으로 지정할 수 있다. <개정 2013.3.23.>

② 산업통상자원부장관은 제1항에 따라 지정받은 인증기관이 다음 각 호의 어느 하나에 해당하면 그 지정을 취소할 수 있다. 다만, 제1호에 해당하면 그 지정을 취소하여야 한다. <개정 2013.3.23.>

　1. 거짓이나 그 밖의 부정한 방법으로 지정을 받은 경우

2. 제1항에 따른 지정기준에 맞지 아니하게 된 경우

③ 제1항에 따른 인증기관의 지정에 필요한 사항은 산업통상자원부령으로 정한다. <개정 2013.3.23.>

제17조(표준화의 추진) ① 산업통상자원부장관은 지능형전력망의 안정성 및 상호 운용성을 보장하기 위하여 지능형전력망 기술, 제품 및 서비스 등에 관한 표준을 정하여 고시할 수 있다. <개정 2013.3.23.>

② 산업통상자원부장관은 지능형전력망 사업자에게 제1항에 따른 표준의 준수를 권고할 수 있다. <개정 2013.3.23.>

제18조(거점지구의 지정 등) ① 산업통상자원부장관은 지능형전력망의 구축 및 이용의 확산을 위하여 필요한 경우에는 대통령령으로 정하는 바에 따라 지능형전력망 거점지구(이하 "거점지구"라 한다)를 지정할 수 있다. <개정 2013.3.23.>

② 국가나 지방자치단체는 거점지구의 조성 및 운영을 위하여 필요한 경우에는 그 조성비 및 운영비의 전부 또는 일부를 지원할 수 있다.

③ 산업통상자원부장관은 거점지구의 조성 및 운영을 위하여 필요한 경우에는 관계 중앙행정기관의 장이나 지방자치단체의 장에게 필요한 행정상 특례를 요청할 수 있다. <개정 2013.3.23.>

④ 산업통상자원부장관은 다음 각 호의 어느 하나에 해당하는 경우 거점지구의 지정을 취소할 수 있다. 다만, 제1호에 해당하는 경우 그 지정을 취소하여야 한다. <개정 2013.3.23.>

1. 거짓이나 그 밖의 부정한 방법으로 지정을 받은 경우

2. 거점지구의 지정 목적을 달성하기 어렵다고 판단할 만한 상당한 이유가 있는 경우

제19조(지능형전력망 산업진흥 지원기관의 지정 등) ① 산업통상자원부장관은 다음 각 호의 업무를 효율적으로 지원하기 위하여 전문인력 등 대통령령으로 정하는 기준에 해당하는 자를 지능형전력망 산업진흥 지원기관(이하 "지원기관"으로 한다)으로 지정할 수 있다. <개정 2013.3.23.>

1. 지능형전력망 산업의 진흥 정책 및 제도의 조사·연구

2. 지능형전력망 기술의 실증사업 추진

3. 지능형전력망 기술, 기기 및 제품의 보급·확산

4. 지능형전력망 정보의 보호 및 안전성 확보

② 산업통상자원부장관은 지원기관에 대하여 제1항 각 호의 업무를 수행하는
데에 필요한 경비를 예산의 범위에서 지원할 수 있다. <개정 2013.3.23.>

③ 산업통상자원부장관은 지원기관이 다음 각 호의 어느 하나에 해당하면 지
원기관의 지정을 취소할 수 있다. 다만, 제1호에 해당하는 경우 그 지정을
취소하여야 한다. <개정 2013.3.23.>

1. 거짓이나 그 밖의 부정한 방법으로 지정을 받은 경우

2. 제1항에 따른 지정기준에 적합하지 아니하게 된 경우

④ 제1항에 따른 지원기관의 지정절차 및 그 밖에 지정에 필요한 사항은 산
업통상자원부령으로 정한다. <개정 2013.3.23.>

제20조(지능형전력망 협회) ① 지능형전력망 사업자는 지능형전력망 산업의 건
전한 발전과 지능형전력망 사업자의 공동 이익을 위하여 산업통상자원부장관
의 인가를 받아 지능형전력망 협회(이하 "협회"라 한다)를 설립할 수 있다.
<개정 2013.3.23.>

② 협회는 법인으로 한다.

③ 협회는 주된 사무소 소재지에서 설립등기를 함으로써 성립한다.

④ 협회에 관하여 이 법에서 정한 것을 제외하고는 「민법」 중 사단법인에 관
한 규정을 준용한다.

제4장 지능형전력망 정보의 수집·활용 및 보호

제21조(지능형전력망 정보의 수집·관리) 산업통상자원부장관은 지능형전력망을
효율적으로 관리하고 운용하기 위하여 지능형전력망 사업자로부터 지능형전
력망에 관한 유형별·분야별 및 공급단계별 통계 정보를 수집하여 관리할 수
있다. <개정 2013.3.23.>

제22조(전력망개인정보의 수집 등) ① 누구든지 지능형전력망 정보 중 개인에 관
한 정보로서 성명, 주민등록번호 등으로 해당 개인을 식별할 수 있는 정보(이
하 "전력망개인정보"라 한다)를 그 개인(이하 "정보주체"라 한다)의 동의 없

이 수집하거나 처리하여서는 아니 된다.

② 정보주체는 본인에 관한 전력망개인정보를 보유하는 자에게 그 정보의 열람, 정정 또는 삭제를 요구할 수 있다. 다만, 다른 법률에 따라 특별히 그 정보가 수집 대상으로 허용된 경우에는 삭제를 요구할 수 없다.

③ 전력망개인정보를 보유하는 자는 제2항에 따른 요구를 받았을 때에는 지체 없이 이를 조사하여 그 정보의 열람, 정정 또는 삭제 등 필요한 조치를 한 후 그 결과를 정보주체에게 알려야 한다.

제23조(지능형전력망 정보의 제공 및 공동 활용 등) ① 지능형전력망 사업자는 지능형전력망 서비스를 원활하게 제공하기 위하여 필요한 경우에는 다른 지능형전력망 사업자에게 지능형전력망 정보의 제공 또는 공동 활용을 요청할 수 있다.

② 제1항에 따라 지능형전력망 정보의 제공 또는 공동 활용을 하려는 자는 해당 정보에 전력망개인정보가 포함되어 있는 경우에는 다음 각 호의 모든 사항을 정보주체에게 알리고 동의를 받아야 한다.

1. 전력망개인정보를 제공받거나 공동 활용하려는 자

2. 제1호에 해당하는 자의 전력망개인정보 보유 및 이용 목적

3. 제1호에 해당하는 자의 전력망개인정보 보유 및 이용 기간

4. 제공하는 전력망개인정보의 항목

③ 제1항 및 제2항에 따라 지능형전력망 정보를 제공받거나 공동 활용하는 자는 정보주체가 동의하였거나 다른 법률에 특별한 규정이 있는 경우를 제외하고는 그 정보를 제3자에게 제공하거나 제공받은 목적 외의 용도로 이용하여서는 아니 된다.

④ 제1항에 따른 요청을 받은 자는 정당한 사유가 있는 경우를 제외하고는 성실히 협의에 응하여야 한다.

⑤ 제4항에 따른 협의를 할 수 없거나 협의가 성립되지 아니하는 경우에는 산업통상자원부장관에게 대통령령으로 정하는 바에 따라 조정을 요청할 수 있다. <개정 2013.3.23.>

제24조(지능형전력망 정보의 수집 및 활용의 적정성 보장) ① 산업통상자원부장

관은 지능형전력망 정보의 수집 및 활용에 관한 표준약관을 제정하여 지능형
전력망 사업자에게 시행하도록 권고할 수 있다. <개정 2013.3.23.>

② 산업통상자원부장관은 지능형전력망 사업자에게 다음 각 호의 사항에 관
한 규정을 제정하여 시행하도록 권고할 수 있다. <개정 2013.3.23.>

1. 지능형전력망 정보의 열람, 정정 또는 삭제에 관한 표준처리절차
2. 그 밖에 지능형전력망 정보의 수집 및 활용의 적정성을 확보하기 위한
사항

제25조(지능형전력망의 보호대책 등) ① 산업통상자원부장관은 지능형전력망과
관련된 중앙행정기관, 지방자치단체, 지능형전력망 사업자 및 지능형전력망
서비스의 이용자가 참여하는 지능형전력망 보호대책을 수립·시행하여야 한
다. <개정 2013.3.23.>

② 산업통상자원부장관은 지능형전력망 사업자 단체 또는 지능형전력망 서비
스 이용자 단체가 참여하는 지능형전력망 보호대책의 수립과 그 활동에
필요한 지원을 할 수 있다. <개정 2013.3.23.>

제26조(지능형전력망 정보의 보호조치 등) ① 지능형전력망 사업자는 지능형전력
망 정보의 신뢰성과 안전성을 확보하기 위하여 다음 각 호의 보호조치를 하여
야 한다.

1. 「정보통신기반 보호법」 제2조제2호에 따른 전자적 침해행위의 방지 및 대
응을 위한 정보보호시스템의 설치·운영 등 기술적·물리적 보호조치
2. 지능형전력망 정보의 불법 유출·변조·삭제 등을 방지하기 위한 기술적 보
호조치
3. 지능형전력망 정보 보호를 위한 조직·인력의 확보 및 계획의 수립·시행
등 관리적 보호조치

② 지능형전력망 사업자 또는 지능형전력망에 관한 업무에 종사하고 있거
나 종사하였던 사람은 직무상 알게 된 비밀을 타인에게 누설하여서는 아
니 된다.

③ 산업통상자원부장관은 관계 중앙행정기관의 장과 협의하여 제1항에 따
른 보호조치에 관한 지침을 정하여 고시하고, 지능형전력망 사업자에게 그

지침을 준수하도록 권고할 수 있다. <개정 2013.3.23.>

제27조(정보보호의 이행확인 등) ① 산업통상자원부장관은 다음 각 호의 어느 하나에 해당하는 지능형전력망 사업자에 대하여 매년 제26조제3항에 따른 지침의 이행 여부를 확인할 수 있다. <개정 2013.3.23.>

1. 지능형전력망 기반 구축사업자

2. 지능형전력망 서비스 제공사업자로서 이용자 수 등이 대통령령으로 정하는 기준에 해당하는 자

② 산업통상자원부장관은 제1항제2호의 요건에 해당하는지를 확인하기 위하여 필요한 경우 관계 행정기관, 관련 자료 보유기관 또는 지능형전력망 사업자에 대하여 필요한 자료의 제공 또는 사실의 확인을 요청할 수 있다. <개정 2013.3.23.>

③ 산업통상자원부장관은 제1항에 따른 이행 여부 확인결과에 따라 필요한 경우 기간을 정하여 개선권고, 개선명령, 그 밖에 필요한 지시를 할 수 있다. <개정 2013.3.23.>

④ 제1항에 따른 지침의 이행 여부 확인절차 등에 필요한 사항은 대통령령으로 정한다.

제28조(지능형전력망의 상호 운용성 확보) 산업통상자원부장관은 지능형전력망의 상호 운용성을 확보하기 위하여 필요한 경우에는 다음 각 호의 사항에 관하여 지능형전력망 사업자에게 상호간 협력체계를 구축하도록 권고할 수 있다. <개정 2013.3.23.>

1. 지능형전력망 기기 및 제품의 공용화

2. 지능형전력망 정보의 공동 활용

3. 지능형전력망 및 지능형전력망 서비스의 상호 연동

제29조(지능형전력망 침해행위 등의 금지) 누구든지 다음 각 호의 어느 하나에 해당하는 행위를 하여서는 아니 된다.

1. 접근권한 없이 또는 허용된 접근권한을 넘어 지능형전력망에 침입하는 행위

2. 정당한 사유 없이 지능형전력망 정보를 조작·파괴·은닉 또는 유출하는 행위

3. 지능형전력망의 운영을 방해할 목적으로 악성프로그램(컴퓨터 바이러스 등

전력망의 안정적인 운영을 방해할 수 있는 프로그램을 말한다)을 지능형전력망에 투입하는 행위

4. 지능형전력망 운영을 방해할 목적으로 한 번에 대량의 신호를 보내거나 부정한 명령을 처리하도록 하는 등의 방법으로 지능형전력망 정보 처리에 오류를 발생하게 하는 행위

제30조(손해배상) 지능형전력망 정보의 수집·처리 또는 활용에 관한 이 장의 규정을 위반한 행위로 타인에게 손해를 입힌 지능형전력망 사업자는 그 손해를 배상할 책임이 있다. 다만, 그 지능형전력망 사업자가 고의 또는 과실이 없음을 입증하는 경우에는 그러하지 아니하다.

제5장 보칙

제31조(자료제출 등) 산업통상자원부장관은 기본계획 및 시행계획의 수립과 지능형전력망의 구축 및 이용촉진을 위하여 필요한 경우에는 관계 중앙행정기관, 지방자치단체, 지능형전력망 사업에 참여하는 법인·단체 또는 기관 등에 필요한 자료의 제출을 요청할 수 있다. <개정 2013.3.23.>

제32조(수수료) 제15조에 따라 인증을 받으려는 자는 대통령령으로 정하는 바에 따라 수수료를 내야 한다.

제33조(청문) 산업통상자원부장관은 다음 각 호의 어느 하나에 해당하는 처분을 하려면 청문을 하여야 한다. <개정 2013.3.23.>

1. 제13조에 따른 지능형전력망 사업자의 등록 취소
2. 제15조제3항에 따른 인증의 취소
3. 제16조제2항에 따른 인증기관의 지정 취소

제34조(권한의 위임) 이 법에 따른 산업통상자원부장관의 권한은 대통령령으로 정하는 바에 따라 그 일부를 그 소속 기관의 장이나 지방자치단체의 장에게 위임할 수 있다. <개정 2013.3.23.>

제35조(업무의 위탁) 이 법에 따른 산업통상자원부장관의 업무는 대통령령으로 정하는 바에 따라 그 일부를 지능형전력망 관련 기관 또는 단체에 위탁할 수 있다. <개정 2013.3.23.>

제36조(벌칙 적용 시의 공무원 의제) 다음 각 호의 어느 하나에 해당하는 자는 「형법」 제129조부터 제132조까지의 규정에 따른 벌칙을 적용할 때에는 공무원으로 본다. <개정 2013.3.23.>

1. 지원기관의 임직원
2. 제35조에 따라 산업통상자원부장관이 위탁한 업무에 종사하는 기관 또는 단체의 임직원

제6장 벌칙

제37조(벌칙) 제29조제1호를 위반하여 접근권한 없이 또는 허용된 접근권한을 넘어 지능형전력망에 침입한 자는 10년 이하의 징역 또는 5천만원 이하의 벌금에 처한다.

제37조(벌칙) 제29조제1호를 위반하여 접근권한 없이 또는 허용된 접근권한을 넘어 지능형전력망에 침입한 자는 10년 이하의 징역 또는 1억원 이하의 벌금에 처한다. <개정 2017.3.21.>

[시행일 : 2017.9.22.] 제37조

제38조(벌칙) 다음 각 호의 어느 하나에 해당하는 자는 5년 이하의 징역 또는 3천만원 이하의 벌금에 처한다.

1. 제22조제1항을 위반하여 정보주체의 동의 없이 전력망개인정보를 수집하거나 처리한 자
2. 제23조제2항을 위반하여 정보주체의 동의 없이 전력망개인정보를 제공하거나 공동 활용한 자
3. 제23조제3항을 위반하여 지능형전력망 정보를 제3자에게 제공하거나 제공받은 목적 외의 용도로 이용한 자
4. 제26조제2항을 위반하여 직무상 알게 된 비밀을 타인에게 누설한 자
5. 제29조제2호를 위반하여 정당한 사유 없이 지능형전력망 정보를 조작·파괴·은닉 또는 유출한 자
6. 제29조제3호를 위반하여 악성프로그램을 투입한 자
7. 제29조제4호를 위반하여 지능형전력망 정보 처리에 오류를 발생하게 한 자

제38조(벌칙) 다음 각 호의 어느 하나에 해당하는 자는 5년 이하의 징역 또는 5천만원 이하의 벌금에 처한다. <개정 2017.3.21.>

1. 제22조제1항을 위반하여 정보주체의 동의 없이 전력망개인정보를 수집하거나 처리한 자

2. 제23조제2항을 위반하여 정보주체의 동의 없이 전력망개인정보를 제공하거나 공동 활용한 자

3. 제23조제3항을 위반하여 지능형전력망 정보를 제3자에게 제공하거나 제공받은 목적 외의 용도로 이용한 자

4. 제26조제2항을 위반하여 직무상 알게 된 비밀을 타인에게 누설한 자

5. 제29조제2호를 위반하여 정당한 사유 없이 지능형전력망 정보를 조작·파괴·은닉 또는 유출한 자

6. 제29조제3호를 위반하여 악성프로그램을 투입한 자

7. 제29조제4호를 위반하여 지능형전력망 정보 처리에 오류를 발생하게 한 자

[시행일 : 2017.9.22.] 제38조

제39조(과태료) ① 제22조제3항을 위반하여 필요한 조치를 하지 아니한 자에게는 3천만원 이하의 과태료를 부과한다.

② 다음 각 호의 어느 하나에 해당하는 자에게는 1천만원 이하의 과태료를 부과한다.

1. 제12조제1항에 따른 등록을 하지 아니하고 지능형전력망 사업을 영위한 자

2. 제27조제3항에 따른 개선명령이나 지시에 따르지 아니한 자

③ 다음 각 호의 어느 하나에 해당하는 자에게는 3백만원 이하의 과태료를 부과한다.

1. 제12조제2항을 위반하여 중요 사항에 관한 변경등록을 하지 아니한 자

2. 제15조제5항을 위반하여 인증을 받지 아니하고 인증의 표시 또는 이와 유사한 표시를 하거나 인증을 받은 것으로 홍보한 자

④ 제1항부터 제3항까지의 규정에 따른 과태료는 대통령령으로 정하는 바에 따라 산업통상자원부장관이 부과·징수한다. <개정 2013.3.23.>

부칙 ＜제13859호, 2016.1.27.＞ (전기용품 및 생활용품 안전관리법)

제1조(시행일) 이 법은 공포 후 1년이 경과한 날부터 시행한다.

제2조부터 제17조까지 생략

제18조(다른 법률의 개정) ①부터 ④까지 생략

　⑤ 지능형전력망의 구축 및 이용촉진에 관한 법률 일부를 다음과 같이 개정한다.

　　제9조제2항 중 "「전기용품안전 관리법」 제2조제1호의 전기용품에 관한 제도"를 "「전기용품 및 생활용품 안전관리법「 제2조제1호의 전기용품에 관한 제도"로 한다.

　⑥ 생략

제19조 생략

지능형전력망의 구축 및 이용촉진에 관한 법률 시행령

[시행 2016.1.1.] [대통령령 제25875호, 2014.12.23., 일부개정]

산업통상자원부(전력진흥과) 044-203-5265

제1장 총칙

제1조(목적) 이 영은 「지능형전력망의 구축 및 이용촉진에 관한 법률」에서 위임된 사항과 그 시행에 필요한 사항을 규정함을 목적으로 한다.

제2장 지능형전력망 기본계획 등

제2조(지능형전력망 기본계획의 수립 및 시행 등) ① 산업통상자원부장관은 「지능형전력망의 구축 및 이용촉진에 관한 법률」(이하 "법"이라 한다) 제5조제1항에 따라 지능형전력망의 구축 및 이용촉진에 관한 기본계획(이하 "기본계획"이라 한다)을 수립·시행하려는 경우에는 관계 중앙행정기관의 장과 미리 협의하여야 한다. <개정 2013.3.23.>

② 산업통상자원부장관은 기본계획을 수립하거나 변경한 경우에는 이를 공고하여야 한다. <개정 2013.3.23.>

제3조(기본계획의 경미한 변경) 법 제5조제3항 단서에서 "대통령령으로 정하는 경미한 사항을 변경하려는 경우"란 기본계획의 본질적인 내용에 영향을 미치지 아니하는 사항으로서 정책목표 및 정책방향의 범위에서 법 제5조제2항제2호부터 제11호까지의 사항에 관한 세부적인 사업의 내용 및 추진일정 등의

사항을 변경하는 경우를 말한다.

제4조(지능형전력망 시행계획의 수립 및 시행 등) ① 산업통상자원부장관은 법 제6조제1항에 따른 지능형전력망의 구축 및 이용촉진에 관한 시행계획(이하 "시행계획"이라 한다)을 수립·시행하기 위하여 필요한 경우에는 관계 중앙행정기관, 지방자치단체, 그 밖에 지능형전력망의 구축 및 이용촉진에 참여하는 법인·단체 또는 기관의 장에게 그에 관한 협조를 요청할 수 있다. <개정 2013.3.23.>

② 산업통상자원부장관은 시행계획을 수립하거나 변경한 경우에는 이를 공고하여야 한다. <개정 2013.3.23.>

제5조(사전협의 대상기관) 법 제7조에서 "대통령령으로 정하는 기관"이란 제8조 제2항 및 별표 1에 따른 지능형전력망 기반 구축사업자를 말한다.

제6조(지능형전력망 전환계획의 수립 및 시행 등) ① 산업통상자원부장관은 법 제9조제1항에 따라 지능형전력망 전환계획(이하 "전환계획"이라 한다)을 수립하려는 경우에는 전기공급자, 전기사용자 및 지능형전력망 사업자의 의견을 수렴하여야 한다. <개정 2013.3.23.>

② 전환계획에는 다음 각 호의 사항이 포함되어야 한다. <개정 2013.3.23.>

   1. 지능형전력망으로의 전환에 필요한 기반 구축에 관한 사항
   2. 지능형전력망 기기 및 제품의 보급·확산을 위한 지원 사항
   3. 지능형전력망 기기 및 제품의 원활한 도입·교체를 위한 제도 개선에 관한 사항
   4. 그 밖에 이해관계자의 의견수렴을 위한 공청회 개최 등 전기공급자와 전기사용자의 참여를 보장하고 전환계획을 효율적으로 시행하기 위하여 필요하다고 산업통상자원부장관이 인정하는 사항

③ 산업통상자원부장관은 법 제9조제3항에 따라 대상 지역, 대상 기기 및 제품, 대상 서비스, 대상 사업자 등을 지정하는 경우에는 다음 각 호의 사항을 고려하여야 한다. <개정 2013.3.23.>

   1. 전기 절약과 최대 전력 절감 등 에너지 이용효율의 향상 정도
   2. 지능형전력망 기술의 구현 가능성

3. 지능형전력망에 대한 주민의 호응도

4. 예산 등 지방자치단체의 지원 정도

5. 그 밖에 지능형전력망 기술의 발전 가능성 등 산업통상자원부장관이 필요하다고 인정하는 사항

④ 제3항에 따른 대상 지역, 대상 기기 및 제품, 대상 서비스, 대상 사업자 등의 지정에 필요한 세부 사항은 산업통상자원부장관이 정하여 고시한다. <개정 2013.3.23.>

제7조(연구개발의 지원) 법 제10조제3호에서 "대통령령으로 정하는 사항"이란 다음 각 호의 사항을 말한다.

1. 법 제17조에 따른 지능형전력망 기술, 제품 및 서비스 등에 관한 표준의 개발

2. 법 제19조제1항제2호에 따른 지능형전력망 기술의 실증(實證)

3. 지능형전력망에 관한 연구개발 성과의 실용화 및 산업화 촉진

4. 지능형전력망 연구 장비·시설 등의 확충 및 활용 촉진

제3장 지능형전력망의 기반 조성 및 이용촉진

제8조(지능형전력망 사업자의 등록 등) ① 법 제12조제1항에 따라 지능형전력망 사업자로 등록하려는 자는 산업통상자원부령으로 정하는 등록신청서를 산업통상자원부장관에게 제출하여야 한다. <개정 2013.3.23.>

② 법 제12조제1항에 따른 지능형전력망 사업자의 등록기준 및 업무범위는 별표 1과 같다.

③ 산업통상자원부장관은 제1항에 따른 등록 신청을 받으면 그 신청내용이 별표 1에 따른 등록기준 및 업무범위에 적합하지 아니한 경우를 제외하고는 등록을 해주어야 한다. <개정 2013.3.23.>

제9조(지능형전력망 사업자의 변경등록 등) ① 법 제12조제2항에 따라 지능형전력망 사업자가 변경등록을 하려는 경우에는 산업통상자원부령으로 정하는 변경등록신청서를 산업통상자원부장관에게 제출하여야 한다. <개정 2013.3.23.>

② 법 제12조제2항에서 "대통령령으로 정하는 중요 사항"이란 다음 각 호의

사항을 말한다. <개정 2014.12.23.>

1. 상호

2. 대표자

3. 주된 영업소 소재지

4. 전문인력

5. 자본금(제8조제2항 및 별표 1에 따른 지능형전력망 기반구축사업자의 경우만 해당한다)

제10조(투자비용의 지원) ① 법 제14조제1항에 따라 지능형전력망 사업자에게 투자비용을 지원하는 사업은 다음 각 호와 같다.

1. 전자식 전력량계 보급 등 지능형전력망 정보의 수집·제공 및 활용에 관한 사업

2. 전기자동차 충전 기반시설, 에너지 저장장치 등 지능형전력망 기기·제품 및 서비스의 보급·확산에 관한 사업

3. 그 밖에 지능형전력망의 공공성, 안전성 등 공익의 실현에 필요하다고 인정되는 사업

② 법 제14조제1항에 따라 투자비용의 전부 또는 일부를 지원받으려는 지능형전력망 사업자는 해당 사업이 제1항에 해당하는 사업임을 증명할 수 있는 서류 등을 첨부하여 산업통상자원부장관에게 신청하여야 한다. <개정 2013.3.23.>

③ 제2항에 따른 투자비용의 지원 절차 등에 관하여 필요한 세부 사항은 산업통상자원부장관이 정하여 고시한다. <개정 2013.3.23.>

제11조(인증의 기준) ① 법 제15조제2항에 따른 인증기준은 다음 각 호와 같다.

1. 지능형전력망의 안정성 및 상호 운용성, 지능형전력망 기기 및 제품의 보안성과 관련하여 「산업표준화법」 제12조에 따른 한국산업표준 또는 국제전기기술위원회에서 정한 국제표준 등에 적합할 것

2. 지능형전력망 기기, 제품 및 서비스의 품질 유지·관리 및 사후관리가 적정하게 이루어질 것

② 제1항에 따른 인증기준에 관한 세부 사항은 산업통상자원부장관이 관계 중

앙행정기관의 장과 미리 협의한 후 정하여 고시한다. <개정 2013.3.23.>

제12조(인증기관 지정기준) 법 제16조제1항에 따라 인증기관으로 지정을 받으려는 자는 다음 각 호의 기준에 적합하여야 한다. <개정 2014.12.23.>

1. 비영리법인 또는 비영리단체일 것

2. 인증을 받으려는 자로부터 재정 등의 지원을 받지 아니할 것

3. 법 제15조제1항 각 호의 사항에 관한 인증 관련 전담조직과 전문인력 2명 이상을 갖출 것

4. 인증절차, 제18조 및 별표 2의 산정방법에 따라 정한 수수료의 금액 등이 포함된 지능형전력망 관련 인증업무규정을 갖출 것

제13조(거점지구의 지정 등) ① 산업통상자원부장관은 법 제18조에 따라 지능형전력망 거점지구(이하 "거점지구"라 한다)를 지정하려는 경우에는 다음 각 호의 사항이 포함된 거점지구 조성에 관한 추진계획을 수립하여야 한다. <개정 2013.3.23.>

1. 거점지구 사업의 목표·전략 및 추진체계에 관한 사항

2. 거점지구 사업에 적용될 지능형전력망 기술에 관한 사항

3. 거점지구 사업의 시행에 필요한 재원 조달에 관한 사항

4. 그 밖에 거점지구 사업을 원활하게 시행하기 위하여 필요한 사항

② 산업통상자원부장관은 직접 거점지구를 지정하거나 특별시장·광역시장·도지사·특별자치도지사(이하 "시·도지사"라 한다)의 요청에 따라 거점지구를 지정할 수 있다. <개정 2013.3.23.>

③ 제2항에 따라 거점지구를 지정할 때 고려하여야 할 사항은 다음 각 호와 같다. <개정 2013.3.23.>

1. 거점지구 사업의 목적 달성에 적합한 지역일 것

2. 거점지구 사업에 대한 주민의 호응도가 높을 것

3. 거점지구 사업의 재원 조달계획이 적정하고 실현 가능할 것

4. 기본계획과 조화를 이룰 것

5. 그 밖에 주변지역에 대한 지능형전력망의 구축 및 이용의 확산 가능성 등 산업통상자원부장관이 필요하다고 인정하는 사항

④ 시·도지사는 제2항에 따라 거점지구의 지정을 요청하려는 경우에는 다음 각 호의 사항이 포함된 거점지구 조성에 관한 실시계획을 작성하여 산업통상자원부장관에게 제출하여야 한다. <개정 2013.3.23.>

1. 거점지구의 지정 요청 대상지역

2. 거점지구 사업의 내용

3. 거점지구 지정 요청 사유

4. 시·도지사가 거점지구 사업에 지원할 수 있는 예산·인력 등의 세부 사항

5. 그 밖에 제3항에 따른 거점지구 지정 시 고려하여야 할 사항

⑤ 산업통상자원부장관은 거점지구를 지정하려는 경우에는 「전기사업법」 제47의2에 따른 전력정책심의회의 심의를 거쳐야 한다. <개정 2013.3.23.>

⑥ 산업통상자원부장관은 거점지구를 지정하였을 때에는 지정 목적, 지정 내용, 지정 대상지역 등을 관보에 공고하고, 이를 관할 시·도지사에게 통보하여야 한다. <개정 2013.3.23.>

⑦ 제1항부터 제6항까지에서 규정한 사항 외에 거점지구의 지정에 필요한 사항은 산업통상자원부장관이 정하여 고시한다. <개정 2013.3.23.>

제14조(지능형전력망 산업진흥 지원기관의 지정 등) ① 산업통상자원부장관은 법 제19조제1항에 따라 지능형전력망 산업진흥 지원기관(이하 "지원기관"이라 한다)을 지정하는 경우 같은 조 제1항의 업무에 따라 그 담당 업무를 구분하여 지정할 수 있다.

② 지원기관으로 지정을 받으려는 자는 다음 각 호의 요건을 모두 갖추어야 한다.

1. 「민법」 제32조에 따라 지능형전력망의 구축과 이용촉진을 목적으로 설립된 비영리법인일 것

2. 법 제19조제1항 각 호의 업무(지정을 받으려는 분야의 업무를 말한다)를 수행한 실적이 있을 것

3. 법 제19조제1항 각 호의 업무(지정을 받으려는 분야의 업무를 말한다)를 수행할 수 있는 전담 조직 및 인력을 갖출 것

4. 그 밖에 지능형전력망 산업의 진흥과 관련하여 산업통상자원부장관이 필요하다고 인정하여 고시하는 사항을 갖출 것

[전문개정 2014.12.23.]

제4장 지능형전력망 정보의 수집·활용 및 보호

제15조(조정의 요청 및 처리 등) ① 지능형전력망 사업자가 법 제23조제5항에 따라 조정을 요청하려는 경우에는 산업통상자원부령으로 정하는 조정신청서에 관련 서류를 첨부하여 산업통상자원부장관에게 제출하여야 한다. <개정 2013.3.23.>

② 산업통상자원부장관은 제1항에 따른 조정 신청 내용을 검토하여 조정을 하는 경우에는 관계 당사자의 의견을 들어야 하며, 필요한 경우 사실조사를 하거나 지원기관의 의견을 들을 수 있다. <개정 2013.3.23.>

③ 산업통상자원부장관은 제2항에 따른 검토 등을 거쳐 조정안을 작성한 후 이를 신청인과 관계당사자에게 제시하고 그 수락을 권고할 수 있다. <개정 2013.3.23.>

제16조(정보보호 이행확인 대상 사업자) 법 제27조제1항제2호에서 "지능형전력망 서비스 제공사업자로서 이용자 수 등이 대통령령으로 정하는 기준에 해당하는 자"란 법 제22조에 따라 개인에 관한 정보로서 성명, 주민등록번호 등으로 해당 개인을 식별할 수 있는 정보(이하 "전력망개인정보"라 한다)를 수집·처리하는 자로서 전년도 10월 1일부터 12월 31일까지의 1일 평균 지능형전력망 서비스 이용자 수가 1만명 이상인 자를 말한다. 다만, 별표 1의 그 밖의 서비스 제공사업자로서 다음 각 호의 자는 제외한다. <개정 2013.3.23., 2014.12.23.>

1. 삭제 <2012.8.17.>

2. 「정보통신망 이용촉진 및 정보보호 등에 관한 법률」 제47조에 따른 정보보호 관리체계의 인증을 받은 자

3. 「정보통신기반 보호법」 제5조의2에 따라 주요정보통신기반시설보호대책 이행 확인을 받은 자. 다만, 「정보통신기반 보호법」 제8조제1항에 따라 산업통상자원부장관이 지정한 주요정보통신기반시설의 경우는 제외한다.

제17조(지능형전력망 보호대책 이행 여부 확인절차 등) ① 산업통상자원부장관은 법 제27조제1항에 따라 법 제26조제3항에 따른 지침의 이행 여부를 확인하려는 경우에는 지능형전력망 사업자에게 미리 통보하여야 한다. <개정 2013.3.23.>

② 산업통상자원부장관은 제1항에 따른 지침의 이행 여부를 확인하기 위하여 서면 또는 인터넷 등의 방법으로 조사를 하거나 소속 공무원으로 하여금 「국가기술자격법」에 따른 기사 등 지능형전력망에 관한 전문가와 함께 방문하여 조사하게 할 수 있다. 이 경우 공무원과 「국가기술자격법」에 따른 기사 등 지능형전력망에 관한 전문가는 그 권한을 표시하는 증표를 지니고 이를 관계인에게 보여 주어야 한다. <개정 2013.3.23.>

③ 산업통상자원부장관은 제16조제3호 단서에 따른 주요정보통신기반시설에 대하여 제1항에 따른 지침의 이행 여부를 확인하는 경우에는 국가정보원장과 미리 협의하여야 한다. <개정 2013.3.23.>

제5장 보칙

제18조(수수료) 법 제32조에 따른 수수료는 현금이나 정보통신망을 이용한 전자화폐·전자결제 등의 방법으로 납부하여야 하며, 그 금액은 별표 2와 같다.

제19조(업무의 위탁) 산업통상자원부장관은 법 제35조에 따라 다음 각 호의 업무를 법 제20조에 따른 지능형전력망 협회에 위탁한다. <개정 2013.3.23.>

1. 법 제8조제1항에 따른 지능형전력망에 관한 통계의 작성·관리
2. 법 제12조에 따른 지능형전력망 사업자 등록 및 변경등록의 접수 및 내용 확인
3. 법 제17조제1항에 따른 지능형전력망 기술, 제품 및 서비스 등에 관한 표준 개발

제19조의2(규제의 재검토) ① 산업통상자원부장관은 다음 각 호의 사항에 대하여 다음 각 호의 기준일을 기준으로 3년마다(매 3년이 되는 해의 기준일과 같은 날 전까지를 말한다) 그 타당성을 검토하여 개선 등의 조치를 하여야 한다. <개정 2014.12.9.>

1. 제8조 및 별표 1에 따른 지능형전력망 사업자의 등록절차, 등록기준 및 업

무범위: 2014년 1월 1일

2. 제12조에 따른 인증기관 지정기준: 2014년 1월 1일

② 산업통상자원부장관은 다음 각 호의 사항에 대하여 다음 각 호의 기준일을 기준으로 2년마다(매 2년이 되는 해의 기준일과 같은 날 전까지를 말한다) 그 타당성을 검토하여 개선 등의 조치를 하여야 한다. <신설 2014.12.9.>

1. 제9조에 따른 변경등록 대상: 2015년 1월 1일

2. 제14조에 따른 지능형전력망 산업진흥 지원기관의 지정 기준: 2015년 1월 1일

3. 제16조 및 별표 1에 따른 정보보호 이행확인 대상: 2015년 1월 1일

4. 제20조 및 별표 3에 따른 과태료의 부과기준: 2015년 1월 1일

[본조신설 2013.12.30.]

제20조(과태료의 부과기준) 법 제39조제4항에 따른 과태료의 부과기준은 별표 3과 같다.

부칙 <제25875호, 2014.12.23.>

이 영은 공포한 날부터 시행한다. 다만, 제16조 각 호 외의 부분 본문의 개정규정은 2016년 1월 1일부터 시행한다.

지능형전력망의 구축 및 이용촉진에 관한 법률 시행규칙
(약칭: 지능형전력망법 시행규칙)

[시행 2015.7.29.] [산업통상자원부령 제138호, 2015.7.9., 타법개정]

산업통상자원부(전력진흥과) 044-203-5265

제1조(목적) 이 규칙은 「지능형전력망의 구축 및 이용촉진에 관한 법률」 및 같은 법 시행령에서 위임된 사항과 그 시행에 필요한 사항을 규정함을 목적으로 한다.

제2조(지능형전력망 기술) 「지능형전력망의 구축 및 이용촉진에 관한 법률」(이하 "법"이라 한다) 제2조제4호에서 "지능형전력망의 구축 및 이용에 관한 기술로서 산업통상자원부령으로 정하는 것"이란 다음 각 호의 어느 하나를 말한다. <개정 2013.3.23., 2015.7.9.>

1. 정보통신기술 등을 활용하여 전력수요관리 및 전력거래 등의 효율을 향상시키거나 지능형전력망의 안정성, 보안성 및 운용효율을 향상시키는 기술

2. 지능형전력망 정보의 교환을 통하여 전기사용자의 합리적인 전기사용을 유도함으로써 에너지 이용효율을 향상시키는 기술

3. 전기자동차 충전인프라를 구축·운용하거나 이와 관련된 지능형전력망의 안정성을 향상시키는 기술

4. 「신에너지 및 재생에너지 개발·이용·보급 촉진법」 제1호 및 제2호에 따른 신에너지 및 재생에너지를 지능형전력망에 안정적으로 연계시키는 기술

제3조(지능형전력망 사업자의 등록신청 등) ① 「지능형전력망의 구축 및 이용촉진에 관한 법률 시행령」(이하 "영"이라 한다) 제8조제1항 및 영 제9조제1항에 따른 지능형전력망 사업자 등록(변경등록)신청서는 별지 제1호서식과 같다.

② 제1항에 따른 등록(변경등록)신청서에는 다음 각 호의 서류(변경등록의 경우에는 등록신청을 할 때 제출한 서류 중 변경된 것만을 말한다)를 첨부하여야 한다. 이 경우 법 제12조 및 영 제19조제2호에 따라 신청을 받은 지능형전력망 협회의 장(이하 "협회장"이라 한다)은 「전자정부법」 제36조제1항에 따른 행정정보의 공동이용을 통하여 법인 등기사항증명서(신청인이 법인인 경우만 해당한다), 사업자등록증 및 「국가기술자격법」에 따른 국가기술자격증을 확인하여야 하며, 신청인이 행정정보의 공동이용을 통한 사업자등록증 또는 「국가기술자격법」에 따른 국가기술자격증의 확인에 동의하지 아니하는 경우에는 해당 서류의 사본을 첨부하여야 한다. <개정 2015.1.16.>

1. 삭제 <2015.1.16.>
2. 자본금을 입증하는 서류(영 제8조제2항 및 별표 1에 따른 지능형전력망 기반구축사업자의 경우만 해당한다)
3. 그 밖에 영 제8조제2항에 따른 지능형전력망 사업자의 등록기준 및 업무범위에 적합함을 입증하는 서류

③ 산업통상자원부장관은 영 제8조제3항에 따라 등록을 해주는 경우 협회장으로 하여금 별지 제2호서식의 지능형전력망 사업자 등록증을 신청인에게 발급하도록 할 수 있다. <개정 2013.3.23.>

④ 제3항에 따라 등록증을 발급받은 자는 그 등록증을 잃어버리거나 헐어 못쓰게 된 경우에는 협회장에게 등록증의 재발급신청을 할 수 있다. 이 경우 등록증이 헐어 못쓰게 되어 재발급신청을 할 때에는 그 등록증을 첨부하여야 한다.

⑤ 제4항에 따라 등록증의 재발급신청을 받은 협회장은 그 신청자가 등록된 지능형전력망 사업자임을 확인한 후 등록증을 재발급하여야 한다.

제4조(인증신청 등) ① 법 제15조제1항에 따른 인증의 신청 대상은 다음 각 호

와 같다.

1. 지능형전력망 기기 및 제품을 생산하는 자

2. 지능형전력망 서비스를 제공하는 자

3. 지능형전력망 기기 및 제품 등이 설치된 건축물의 건축주

② 제1항 각 호의 어느 하나에 해당하는 자가 인증을 받으려면 인증신청서에 영 제11조에 따른 인증기준에 적합함을 입증하는 서류 등을 첨부하여 산업통상자원부장관 또는 인증기관의 장에게 제출하여야 한다. <개정 2013.3.23.>

③ 제2항에 따른 인증신청을 받은 산업통상자원부장관 또는 인증기관의 장은 신청내용이 영 제11조에 따른 인증기준에 적합하다고 인정하면 인증서를 신청인에게 발급하여야 한다. <개정 2013.3.23.>

④ 법 제15조제1항에 따라 인증을 받은 자는 해당 제품이나 문서 등에 인증을 받은 것임을 나타내는 인증마크를 부착할 수 있다.

⑤ 제2항에 따른 인증신청서, 제3항에 따른 인증서 및 제4항에 따른 인증마크 등 인증을 위하여 필요한 세부 사항은 산업통상자원부장관이 정하여 고시한다. <개정 2013.3.23.>

제5조(인증기관 지정신청 등) ① 법 제16조제1항에 따른 인증기관으로 지정을 받으려는 자는 별지 제3호서식의 인증기관 지정신청서에 다음 각 호의 서류를 첨부하여 산업통상자원부장관에게 제출하여야 한다. 이 경우 지정신청을 받은 산업통상자원부장관은 「전자정부법」 제36조제1항에 따른 행정정보의 공동이용을 통하여 법인 등기사항증명서(신청인이 법인인 경우만 해당한다) 또는 대표자의 주민등록표 등본(신청인이 법인이 아닌 경우만 해당한다)을 확인하여야 하며, 신청인이 행정정보의 공동이용을 통한 주민등록표 등본의 확인에 동의하지 아니하는 경우에는 이를 첨부하도록 하여야 한다. <개정 2013.3.23.>

1. 정관

2. 삭제 <2015.1.16.>

3. 인증업무를 수행하는 전담조직의 구성 및 전문인력의 현황과 경력에 관한 서류

4. 인증절차 등이 포함된 인증업무규정

5. 그 밖에 영 제12조에 따른 인증기관 지정기준에 적합함을 입증하는 서류

② 제1항에 따라 인증기관 지정신청서를 받은 산업통상자원부장관은 신청내용이 영 제12조에 따른 인증기관 지정기준에 적합하다고 인정하면 별지 제4호서식의 인증기관 지정서를 신청인에게 발급하고, 그 사실을 공고하여야 한다. 이 경우 산업통상자원부장관은 인증기관 지정기준 적합 여부를 확인하기 위하여 현장평가를 실시할 수 있다. <개정 2013.3.23.>

제6조(지원기관의 지정신청 등) ① 법 제19조제1항에 따른 지능형전력망 산업진흥 지원기관(이하 "지원기관"이라 한다)으로 지정을 받으려는 자는 별지 제5호서식의 지능형전력망 산업진흥 지원기관 지정신청서에 다음 각 호의 서류를 첨부하여 산업통상자원부장관에게 제출하여야 한다. 이 경우 지정신청을 받은 산업통상자원부장관은 「전자정부법」 제36조제1항에 따른 행정정보의 공동이용을 통하여 법인 등기사항증명서(신청인이 법인인 경우만 해당한다) 또는 대표자의 주민등록표 등본(신청인이 법인이 아닌 경우만 해당한다)을 확인하여야 하며, 신청인이 행정정보의 공동이용을 통한 주민등록표 등본의 확인에 동의하지 아니하는 경우에는 이를 첨부하도록 하여야 한다. <개정 2013.3.23.>

1. 정관

2. 영 제14조제2호에 따른 업무의 수행 실적을 입증하는 서류

3. 영 제14조제3호에 따른 전담조직의 구성 및 전문인력의 현황과 경력에 관한 서류

4. 그 밖에 영 제14조제4호에 따른 사항을 갖추었음을 입증하는 서류

② 제1항에 따라 지원기관 지정신청을 받은 산업통상자원부장관은 신청내용이 영 제14조에 따른 지원기관 지정기준에 적합하다고 인정하면 별지 제6호서식의 지능형전력망 산업진흥 지원기관 지정서를 신청인에게 발급하고, 그 사실을 공고하여야 한다. 이 경우 산업통상자원부장관은 지원기관 지정기준 적합 여부를 확인하기 위하여 평가 목적 및 방법 등이 포함된 평가계획을 수립하여 현장평가를 실시할 수 있다. <개정 2013.3.23., 2015.1.16.>

제7조(조정신청서 등) ① 영 제15조제1항에 따른 조정신청서는 별지 제7호서식과 같다.

② 영 제15조제1항에 따라 지능형전력망 사업자가 조정을 요청하려면 별지 제
7호서식의 조정신청서에 다음 각 호의 서류를 첨부하여야 한다.

1. 당사자 간 협의 경위서(조정 발생 시부터 신청 시까지의 당사자 간 일정별
협의 내용과 그 입증자료를 말한다)

2. 그 밖에 조정신청 사건의 조정에 참고가 될 수 있는 객관적인 자료

제8조(증표) 영 제17조제2항에 따른 증표는 별지 제8호서식과 같다.

제9조(규제의 재검토) 산업통상자원부장관은 다음 각 호의 사항에 대하여 다음
각 호의 기준일을 기준으로 2년마다(매 2년이 되는 해의 기준일과 같은 날 전
까지를 말한다) 그 타당성을 검토하여 개선 등의 조치를 하여야 한다.

1. 제3조에 따른 지능형전력망 사업자의 등록신청 시의 제출서류: 2015년 1월
1일

2. 제5조에 따른 인증기관 지정신청 시의 제출서류: 2015년 1월 1일

3. 제6조에 따른 지원기관의 지정신청 시의 제출서류: 2015년 1월 1일
[본조신설 2014.12.31.]

부칙 <제138호, 2015.7.9.> (신에너지 및 재생에너지 개발·이용·보급
촉진법 시행규칙)

제1조(시행일) 이 규칙은 2015년 7월 29일부터 시행한다. <단서 생략>

제2조(다른 법령의 개정) ① 생략

② 지능형전력망의 구축 및 이용촉진에 관한 법률 시행규칙 일부를 다음과 같
이 개정한다.

제2조제4호 중 "「신에너지 및 재생에너지 개발·이용·보급 촉진법」 제2조
제1호에서 규정한 신에너지 및 재생에너지"를 "「신에너지 및 재생에너지
개발·이용·보급 촉진법」 제1호 및 제2호에 따른 신에너지 및 재생에너지"
로 한다.

찾아보기

ㄱ

가상발전소 131
개인정보 108, 109
개인정보 보호 141
거점도시 144
국가로드맵 107, 109
규제심판 86
극초고압 파워그리드 9

ㄴ

동적 가격결정 방식 60

ㅅ

상호운용성(interoperability) 48, 49, 132
석유 파동 19, 20
선택형 요금제 120
셰브론 원칙 139
수요반응 35, 51, 74
스마트 계량기 40, 45, 57, 58, 59, 61, 88, 100
스마트 커뮤니티 33
스마트그리드(smart grid) 105, 106, 108, 119
스마트그리드 거버넌스 134
스마트미터기 123, 125
신재생에너지 121
신재생에너지 의무할당제 70
실증단지 119

ㅇ

에너지 관리 시스템 34
에너지 믹스 23, 71, 72
에너지 저장장치 120, 127
에너지 전환 69
에너지 포트폴리오 70
에너지 효율성 의무할당제 70
역동적 가격산정 46
연방주의 44
온실가스 122
외부효과 13, 14
원격검침 인프라 78
위험관리 52
위험인지 52
위험평가 52
유동화(securitization) 137

ㅈ

장거리 파워그리드 15
재생에너지 19, 21, 35, 36, 38, 85
저탄소차 131
전기설비 133
전기위원회 136
전력거래소 135
전력 조정장치 36
정보기술 119
정보비대칭 13
좌초비용(stranded cost) 137
중국그리드공사 7, 9, 12, 14
중국남부파워그리드 7, 12

지능형전력망   105, 109
지능형 제어   8

ㅊ
차등요금제   120
창조경제   120
충전인프라   132

ㅌ
탄소세   131
태양광   35, 39

ㅍ
프라이버시   55, 61, 100

ㅎ
후쿠시마 원전 사고   18, 22
후쿠시마 재해   39

A
AEMO   126
AMI   120

C
Chevron Deference   139

E
EDISON 프로젝트   129
EMS   132
ESS   120
EV   121

H
HEMS   125

I
information technology: IT   119

O
Ofgem   141

R
RPS법   24

V
V2G   121, 128
VPP   131

공저자 약력

박훤일

서울대학교 법과대학 법학사
미국 Southern Methodist University School of Law 비교법석사
경희대학교 대학원 법학박사
한국산업은행 국제금융부/조사부
법무부 국제거래법연구단 위원
Korean Legal Information Institute(KoreanLII) 디렉터
현 경희대학교 법학전문대학원 교수

이재협

서울대학교 사회과학대학 인류학과 학사
미국 University of Pennsylvania 미국학 박사
미국 Northwestern University School of Law J.D.(미국 뉴욕주 변호사)
전 외교통상부 통상전문관
한국환경법학회 부회장
현 서울대학교 법학전문대학원 교수

조홍식

서울대학교 법과대학 졸업
University of California, Berkeley, School of Law 졸업(법학석사 및 박사)
부산지방법원 판사, 사단법인 한국환경법학회 회장 등 역임
현 서울대학교 환경·에너지법정책센터 센터장
현 서울대학교 법과대학·법학대학원 교수
현 서울대학교 법과대학·법학대학원 학장 및 원장

허성욱

서울대학교 경제학과 학사
서울대학교 대학원 법학과 석사
서울대학교 대학원 법학과 박사
전 서울중앙지방법원 판사
한국법경제학회 편집이사 및 법경제학연구 편집위원장
한국환경법학회 연구이사
한국규제법학회 집행이사
서울대학교 법학전문대학원 교수

Douglas A. Codiga
LL.M., Yale Law School, 1999
J.D. with Environmental Law Certificate, Richardson School of Law, University of Hawaii, 1994
Attorney Member, Schlack Ito, A Limited Liability Law Company, Honolulu, Hawaii, USA
Vice Chair, Energy Law Committee, Inter—Pacific Bar Association
Chair, Environment, Energy, and Resources Section, Hawaii State Bar Association

Emily Hammond
Glen Earl Weston Research Professor of Law
The George Washington University

Haifeng DENG (邓海峰)
Associate Dean &Associate Professor of Law School, Tsinghua University
Vice Director of Center for Environmental, Natural Resources &Energy Law, Tsinghua University
The Standing Director of China Environmental Law Research Society
The Standing Director and Vice General Secretary of Environmental Law Research Society of China
    Environmental Science Society

Hidetsugu Shimomura (下村英嗣)
LLB., Rikkyo University
LLM., Hokkaido University
Professor Hiroshima Shudo University
Adjunct Lecturer, The University of Kitakyushu

Joel B. Eisen
J.D. Stanford University Law School
B.S. Civil Engineering, Massachusetts Institute of Technology
Professor of Law and Austin Owen Research Fellow
University of Richmond School of Law

Mark B. Glick
MS., Public Management &Policy, Carnegie—Mellon University
Specialist in Energy Policy &Innovation,
Hawaii Natural Energy Institute, University of Hawaii at Manoa
Immediate Past Energy Administrator, State of Hawaii &Vice Chairman of the National
    Association of State Energy Officials

스마트그리드 법정책

초판발행   2017년 9월 15일

엮은이   이재협·조홍식
펴낸이   안종만

편 집   전채린
기획/마케팅   조성호
표지디자인   권효진
제 작   우인도·고철민

펴낸곳   (주) **박영사**
             서울특별시 종로구 새문안로3길 36, 1601
             등록 1959. 3. 11. 제3070-1959-1호(倫)
전 화   02)733-6771
f a x   02)736-4818
e-mail   pys@pybook.co.kr
homepage   www.pybook.co.kr
ISBN   979-11-303-3056-3   93360